JN057465

AI 活用アドバイザー
認定試験

公式精選問題集

Artificial Intelligence

一般財団法人　全日本情報学習振興協会

AI 活用アドバイザー認定試験　公式精選問題集

目　次

AI 活用アドバイザー認定試験　試験概要

1. 受験資格　国籍、年齢等に制限はありません。

2. 受験会場（下記のほか、オンライン・CBT 会場でも実施されます。）

   札幌　仙台　東京　横浜　埼玉　千葉　名古屋　大阪　京都　福岡

3. 試験日程　協会ホームページをご確認ください。

4. 試験時間　90 分

5. 問題数　　100 問

6. 試験形式　マークシート方式

7. 合格基準　70％以上の正答

   （上記各情報は予告なく変更される場合があります。）

8. 受験料 … 11,000 円（税込）

9. 申込方法

   インターネットでお申込みの場合は下記アドレスよりお申込みください。

   http://www.joho-gakushu.or.jp/web-entry/siken/

   郵送でお申込の場合は、下記までお問合せください。

お問合せ先

一般財団法人　全日本情報学習振興協会

東京都千代田区神田三崎町 3-7-12　　清話会ビル 5F

TEL：03-5276-0030　FAX：03-5276-0551　http://www.joho-gakushu.or.jp/

AI 活用アドバイザー認定試験　試験内容項目

第1課題	AIの基礎知識	1	AI基礎知識
		2	AI基礎用語
第2課題	AIの技術	1	ディープラーニング
		2	知的活動を実現する技術
第3課題	AI開発の仕事を取り巻く環境		
第4課題	AIプロジェクトの流れ〜課題の落とし込みからチューニングまで		
第5課題	AIプロジェクトの流れ〜運用と効果検証		
第6課題	企業・団体のAI導入事例	1	製造業
		2	自動車
		3	農林水産業
		4	健康・医療・介護
		5	金融
		6	物流
		7	流通
		8	教育・人材
		9	エンターテインメント
		10	スポーツ
		11	スマートライフ
		12	環境・エネルギー
		13	防犯・防災
		14	インフラ
		15	行政
		16	その他
第7課題	人材・AIの導入動向	1	企業のAI人材
		2	企業の導入傾向
第8課題	AIの制度・政策動向	1	AIに関するガイドライン・制度
		2	政策動向等

【第１課題　AI の基礎知識】
【第２課題　AI の技術】

問題１．AI に関する記述として、より<u>適切な</u>ものを以下のア・イのうち１つ選び
　　　なさい。

　ア．AI の特徴である「自律性」とは、人の判断なしに状況に応じて動作する能力
　　　である。
　イ．AI の特徴である「適応性」とは、常に人の指示に従う能力である。

解説　AI

　ア適　切。AI の特徴である「自律性（Autonomy）」とは、人の判断なしに状況
　　　　に応じて動作する能力である。

　イ不適切。AI の特徴である「適応性（Adaptivity）」とは、大量のデータから
　　　　特徴を見つけ出し状況判断ができる、あるいは与えられた正解デー
　　　　タと新たなデータを照合することで自らのプログラムの精度を上
　　　　げていくことができる（学習）能力である。

解答　ア

問題２．機械学習に関する記述として、より<u>適切</u>なものを以下のア・イのうち１つ選びなさい。

　ア．機械学習の学習データとなるデータをその構造で分類した場合の、「構造化データ」とは、PDF、音声、画像、動画などのデータのことである。

　イ．機械学習の学習法は、「教師あり学習」「教師なし学習」「強化学習」に大別されるが、「半教師あり学習」という学習法もある。

解説　機械学習

　ア不適切。データはその構造によって「構造化データ」「半構造化データ」「非構造化データ」に大別される。「構造化データ」とは、二次元の表形式になっているか、データの一部を見ただけで二次元の表形式への変換可能性、変換方法が分かるデータのことで、データ形式の例としては、CSV、固定長、Excel（リレーショナルデータベース型）がある。PDF、音声、画像、動画などのデータは、「非構造化データ」である。

　イ適　切。「半教師あり学習」は、教師データがある標本とない標本を組み合わせたデータを利用する学習法である。

解答　イ

問題３. 機械学習において、データを学習・推論に適した形にするために重複、誤記、表記の揺れなどを修正・統一して品質を高めるプロセスの名称として、より適切なものを以下のア・イのうち１つ選びなさい。

ア．データマイニング
イ．データクレンジング

解説　機械学習

ア不適切。データマイニングとは、意志決定を目的としてデータ集合から情報や知識を抽出する処理のことである。
イ適　切。データクレンジングとは、データの重複、誤記、表記の揺れなどを修正・統一してデータの品質を高めることである。

解答　イ

問題４．XAI に関する次の文章中の（　　）に入る、より<u>適切</u>な語句を以下の
　　　　ア・イのうち１つ選びなさい。

> XAI の研究の考え方の１つに、（　　）の研究がある。（　　）の
> 研究とは、その学習過程や構造、予測・判断根拠が人にとって解
> 釈可能なタイプの新しい AI を開発するという考え方である。

ア．ブラックボックス型

イ．トランスペアレント型

解説　AI 倫理

　「XAI の研究」には、２つの考え方がある。１つは既存の予測・判断根拠が
わかりにくい（ブラックボックスである）機械学習モデルに、説明するための
機能を付加して、AI の予測・判断根拠を説明できるようにするブラックボック
ス型の研究である。もう１つは、その学習過程や構造、予測・判断根拠が人に
とって解釈可能な AI を新たにつくるトランスペアレント（透明な）型の研究で
ある。ブラックボックス型は学習済みの AI について後から説明する考え方であ
り、トランスペアレント型はもともと学習過程や構造が人にとって解釈可能な
タイプの新しい AI を開発するという考え方である。

> XAI の研究の考え方の１つに、<u>トランスペアレント型</u>の研究があ
> る。<u>トランスペアレント型</u>の研究とは、その学習過程や構造、予
> 測・判断根拠が人にとって解釈可能なタイプの新しい AI を開発す
> るという考え方である。

解答　イ

問題５．画像認識と自然言語処理に関する記述として、より<u>適切な</u>ものを以下の
　　　　ア・イのうち１つ選びなさい。

　ア．画像認識は、画像にあるものが何であるかを認識する技術であるため、人
　　　の顔の画像でそれが誰であるかについては認識できるが、人の感情の読み
　　　取りなどの人間特有の認識はできない。

　イ．自然言語処理の技術は、チャットボット、迷惑メール振り分け、文章要約、
　　　検索エンジンなどに活かされており、音声認識の技術と併せて利用される
　　　ことも多い。

解説　画像認識・自然言語処理

　ア不適切。学習させることにより、画像の人の顔認識から感情の読み取りなど
　　　　　　も可能である。ただし、Microsoft が、「Azure Cognitive Services
　　　　　　Face API」について、2023 年から感情状態や性別、年齢、笑顔、髪
　　　　　　型、化粧などのアイデンティティ属性を推測する顔分析機能を廃止
　　　　　　することを発表したように、「人々の感情を読み取る機能」には問題
　　　　　　があることに留意する必要がある。

　イ適　切。記述の通り。検索エンジンで、検索ワードとして文章を入力しても
　　　　　　正しく認識されるのは、自然言語処理の技術が使用されているため
　　　　　　である。

解答　イ

問題６．生成 AI に関する記述として、より<u>適切な</u>ものを以下のア・イのうち１
つ選びなさい。

ア．アメリカの Gartner 社は、「生成 AI」を「コンテンツやモノについてデータから学習し、それを使用して創造的かつ現実的な、まったく新しいアウトプットを生み出す機械学習手法」と定義している。

イ．ChatGPT の「GPT」は、「Generative Pretended（ふりをした）Transformer」の略である。

解説　生成 AI

ア適　切。アメリカのGartner社は、2021年11月に「戦略的テクノロジーのトップ・トレンド」において、2022年に注目すべきキーワードの一つとして「ジェネレーティブAI」を挙げた。同社は「ジェネレーティブAI」を「コンテンツやモノについてデータから学習し、それを使用して創造的かつ現実的な、まったく新しいアウトプットを生み出す機械学習手法」と定義している。

イ不適切。ChatGPTの「GPT」とは、「Generative Pre-trained Transformer」の略である。「Pre-trained」は、「事前に学習した」という意味である。

解答　ア

問題7．データサイエンスに関する記述として、より<u>適切な</u>ものを以下のア・イ
　　　のうち１つ選びなさい。

　ア．データサイエンスとは、情報科学、統計学等の知見を駆使したデータ分析
　　　により新たな価値の発見・創出を行う学問のことである。

　イ．一般社団法人データサイエンティスト協会は、データサイエンティストに
　　　求められる能力として、データサイエンス力、データエンジニアリング力、
　　　データ分析力の３つを挙げている。

|解説　データサイエンス|

ア適　切。記述は、総務省「データ駆動型社会の実現に向けた高度 ICT 人材に関
　　　する調査研究－最終報告書－」にある、データサイエンスの定義であ
　　　る。

イ不適切。「データ分析力」が誤りで、正しくは「ビジネス力」である。データサ
　　　イエンティスト協会は、データサイエンティストに必要とされるスキ
　　　ルセット（能力）として以下の「３つのスキルセット」を定義してい
　　　る。

　　　・データサイエンス力

　　　　情報処理、人工知能、統計学などの情報科学系の知恵を理解し、使
　　　　う力

　　　・データエンジニアリング力

　　　　データサイエンスを意味のある形に使えるようにし、実装、運用で
　　　　きるようにする力

　　　・ビジネス力

　　　　課題背景を理解した上で、ビジネス課題を整理し、解決する力

|解答　ア|

問題8．量子コンピュータに関する記述として、より<u>適切</u>なものを以下のア・イのうち1つ選びなさい。

　ア．量子コンピュータの「量子ゲート方式」は、従来から研究されている量子の重ね合わせの原理を用いた方式であり、すでに実用化されている。

　イ．量子コンピュータの「量子アニーリング方式」については、さまざまな制約のある中で最適な組み合わせを求める計算である「組合せ最適化問題」に特化したものが、すでに実用化されている。

解説　量子コンピュータ

ア不適切。量子ゲート方式は、従来から研究されている量子の重ね合わせの原理を用いた方式であり、その実用化にはまだ時間がかかるとされている。

イ適　切。量子アニーリング方式は、重ね合わせの原理などの量子効果を徐々に変化させることでエネルギーの最も低い状態を最適解として得るものである。さまざまな制約のある中で最適な組み合わせを求める計算である「組合せ最適化問題」に特化した量子アニーリング方式が、すでに実用化されている。

解答　イ

問題９．AIの歴史に関する以下のアからエまでの記述のうち、最も<u>適切ではない</u>ものを１つ選びなさい。

ア．1970年代から始まった第１次AIブームでは、コンピューターによる「推論」や「探索」が可能となり、特定の問題に対して解を提示できるようになった。

イ．1980年代の第２次AIブームでは、専門分野の知識を取り込んだ上で推論する「エキスパートシステム」が生み出された。

ウ．2010年頃から現在まで続く第３次AIブームでは、知識を定義する要素をAIが自ら習得する「ディープラーニング」が生み出された。

エ．第１次・第２次AIブームでは、AIが実現できる技術的な限界よりも、社会がAIに対して期待する水準が上回っており、その乖離が明らかになることでブームが終わったといわれている。

解説　AI の歴史

ア不適切。「1970年代から始まった」が誤りで、正しくは「1950年代後半から始まった」である。1950年代後半から1960年代にかけての第１次AIブームでは、コンピューターによる「推論」や「探索」が可能となり、特定の問題に対して解を提示できるようになった。

イ適　切。第２次AIブームでは、専門分野の知識を取り込んだ上で推論することで、その分野の専門家のように振る舞うプログラムである「エキスパートシステム」が生み出された。

ウ適　切。第３次AIブームでは、まず現在「ビッグデータ」と呼ばれているような大量のデータを用いることでAI自身が知識を獲得する「機械学習」が実用化された。次いで知識を定義する要素（特徴量）をAIが自ら習得するディープラーニングが登場したことが、ブームの背景にある。

エ適　切。第１次 AI ブームにおける AI は、ルールやゴールが厳密に決定されていることが前提であり、ルールやゴールが曖昧な現実世界では役に立たないという問題があった。第２次 AI ブームにおける AI は、互いに矛盾したルールが存在する事例や例外的な事例に対処できず、汎用的な仕組みとして利用することが困難であるという問題があり、これらの問題からブームが衰退したといわれる。

解答　ア

10

問題10.　AIに関する定義とイメージについての次の文章中の（　　）に入る最も適切な語句の組合せを、以下のアからエまでのうち１つ選びなさい。

> 　AIについては、「知的な機械、特に、知的なコンピュータプログラムを作る科学と技術」（　a　）。
> 　AIのイメージを尋ねた調査結果（2016年）においては、日本とアメリカでは回答傾向が異なっており、日本では、「（　b　）」の回答が最も多いのに対して、アメリカでは「（　c　）」の回答が最も多い。

ア．a．というアメリカのマッカーシー教授の説明が、確立した学術的な定義、合意とされている

　　b．コンピュータが人間のように見たり、聞いたり、話したりする技術

　　c．人間の脳の認知・判断などの機能を、人間の脳の仕組みとは異なる仕組みで実現する技術

イ．a．というアメリカのマッカーシー教授の説明が、確立した学術的な定義、合意とされている

　　b．人間の脳の認知・判断などの機能を、人間の脳の仕組みとは異なる仕組みで実現する技術

　　c．コンピュータが人間のように見たり、聞いたり、話したりする技術

ウ．a．と大まかには説明されているものの、確立した学術的な定義、合意はない

　　b．コンピュータが人間のように見たり、聞いたり、話したりする技術

　　c．人間の脳の認知・判断などの機能を、人間の脳の仕組みとは異なる仕組みで実現する技術

エ．a．と大まかには説明されているものの、確立した学術的な定義、合意はない

　　b．人間の脳の認知・判断などの機能を、人間の脳の仕組みとは異なる仕組みで実現する技術

　　c．コンピュータが人間のように見たり、聞いたり、話したりする技術

解説　AIの定義

　初めて「AI」という言葉を使用したアメリカの計算機科学者マッカーシー教授がまとめたFAQ形式のAIの解説では、AIを「知的な機械、特に、知的なコンピュータプログラムを作る科学と技術」と説明されている。しかし、専門家や研究者の間でも「AI」に関する確立した学術的な定義、合意はない。さまざまなAIの定義・説明の中には、「知的」「知能を持つ」という言葉が含まれるケースがあるが、「知的」「知能を持つ」という感覚は、個々人の感じ方、考え方に依存する部分もある。AIのイメージを尋ねた調査結果においても、日本とアメリカでは回答傾向が異なっており、日本では会話を重視しているのに対して、アメリカでは認知・判断を重視している。

> 　AIについては、「知的な機械、特に、知的なコンピュータプログラムを作る科学と技術」 **と大まかには説明されているものの、確立した学術的な定義、合意はない。**
> 　AIのイメージを尋ねた調査結果（2016年）においては、日本とアメリカでは回答傾向が異なっており、日本では、「**コンピュータが人間のように見たり、聞いたり、話したりする技術**」の回答が最も多いのに対して、アメリカでは「**人間の脳の認知・判断などの機能を、人間の脳の仕組みとは異なる仕組みで実現する技術**」の回答が最も多い。

解答　ウ

問題11. 機械学習に関する以下のアからエまでの記述のうち、最も<u>適切ではない</u>ものを1つ選びなさい。

ア．機械学習は、一定の計算方法に基づき、入力されたデータからコンピュータ自らがパターンやルールを発見し、そのパターンやルールを新たなデータに当てはめることで、その新たなデータに関する識別や予測等を可能とする手法である。

イ．機械学習には大別して「学習」と「推論」の2つのプロセスがあり、学習とは、入力されたデータを分析することにより、コンピュータが識別等を行うためのパターンを確立するプロセスである。

ウ．機械学習には大別して「学習」と「推論」の2つのプロセスがあり、推論とは、学習のプロセスを経て出来上がった学習済みモデルからデータを抽出し、確立されたパターンに従い、実際にそのデータの識別等を行うプロセスである。

エ．機械学習で活用するデータには、学習のプロセスで用いるものと、推論のプロセスで用いるものの2種類がある。

解説　機械学習

ア適　切。機械学習は、AIの手法の一つとして位置づけられるもので、一定の計算方法（アルゴリズム）に基づき、入力されたデータからコンピュータ自らがパターンやルールを発見し、そのパターンやルールを新たなデータに当てはめることで、その新たなデータに関する識別や予測等を可能とする手法である。

イ適　切。記述の通り。学習は、入力されたデータから対象の特徴を分析し、共通する特徴の組み合わせを発見するプロセスであり、この特徴の組み合わせを「学習済みモデル」という。

ウ不適切。「学習済みモデルからデータを抽出」が誤りで、正しくは「学習済みモデルにデータを入力」である。推論とは、学習のプロセスを経て出来上がった学習済みモデルにデータを入力し、確立されたパターンに従い、実際にそのデータの識別等を行うプロセスである。

エ適　切。機械学習で活用するデータには、学習のプロセスで用いるものと、推論のプロセスで用いるものの2種類がある。学習用データと推論用データはいずれも、自らが所有・収集するデータのほか、公開されているデータセットなどを入手して活用することができる。

解答　ウ

問題12. シンギュラリティに関する以下のアからエまでの記述のうち、最も<u>適切</u><u>ではない</u>ものを1つ選びなさい。

ア. 2005 年にアメリカの学者レイ・カーツワイル氏は、その著書でシンギュラリティの概念を提唱した。

イ. レイ・カーツワイル氏は、その著書でシンギュラリティが2050年に到来するとしている。

ウ. レイ・カーツワイル氏がシンギュラリティの到来の根拠とする現象は、全人類の知能より約10億倍強力な知能が1年間に創出されるようになることである。

エ. 「シンギュラリティ」は、「特異点」と訳され、AIの世界では「技術的特異点」のことを指す。

AI 倫理

ア 適　切。2005年に、アメリカの未来学者レイ・カーツワイル氏が、著書「シンギュラリティは近い（The Singularity Is Near）」でシンギュラリティの概念を提唱した。（「シンギュラリティ」の概念自体は、それ以前からあったが、現在AIと関連してよく語られるシンギュラリティの概念は、レイ・カーツワイル氏の提唱によるといわれている）

イ 不適切。「2050年」が誤りで、正しくは「2045年」である。氏は、「シンギュラリティは近い」で「2040年代の中盤には、1000ドルで買えるコンピューティングは10^{26}cpsに到達し、1年間に創出される知能（合計で約10^{12}ドルのコストで）は、今日の人間のすべての知能よりも約10億倍も強力になる」として、こうした理由からシンギュラリティが2045年に到来するとしている。

ウ 適　切。記述の通り。レイ・カーツワイル氏の予測は、「ムーアの法則（集積回路に用いられるトランジスタの数が18ヵ月ごとに2倍に増えるという法則）」、「収穫加速の法則（技術進歩において性能は直線的に向上するわけではなく、指数関数的に向上していくという法則）」の2つの法則を根拠に提唱されている。

エ 適　切。「シンギュラリティ」は、「特異点」と訳され、AIの世界では「技術的特異点」のことを指す。

解答　イ

16

問題 13. 顔認証に関する以下のアからエまでの記述のうち、最も<u>適切ではない</u>
ものを１つ選びなさい。

ア．顔認証とは、バイオメトリクス認証の１つで、顔の形や目鼻などの位置関
係を示す特徴的な点や輪郭線等を画像認識技術により識別して認証する
ものである。

イ．顔認証のメリットとして、認証情報を一度登録すると再登録が不要な点が
挙げられる。

ウ．顔認証は、角度や照明の当たり方、他人の映り込みなどにより本人を拒否
する場合があるため、認証の際、正しい角度や位置となるよう誘導が必要
であることがデメリットである。

エ．顔認証の精度に関しては「他人受入率」と「本人拒否率」と呼ばれる指標
があり、一般に、他人受入率を下げると安全性は高くなるが、本人拒否率
が上がり利便性が低下する。

解説　顔認証

ア適　切。記述の通り。バイオメトリクス認証とは、身体的または行動的特徴を用いて個人を識別し認証する技術のことである。

イ不適切。顔認証のメリットとして、一般の利用者の登録時および認証時の負荷は少ないことが挙げられるが、環境に影響を受けやすく、顔の経年変化によって正しく認証されないこともあり、その場合は認証情報の再登録が必要になる。ただし、最近では、AIにより老化や化粧などでの変化も含めて判定することが可能な製品もある。

ウ適　切。記述の通り。顔認証は、環境に影響を受けやすいことがデメリットであるといえる。

エ適　切。顔認証の精度に関しては「他人受入率（FAR）」と「本人拒否率（FRR）」と呼ばれる指標がある。他人受入率は「システムが他人を正規の利用者であると誤認する確率」、本人拒否率は「システムが正規の利用者を他人であると誤認する確率」である。一般に、他人受入率を下げると安全性は高くなるが、本人拒否率が上がり利便性が低下する。逆に本人拒否率を下げると利便性は高くなるが、他人受入率が上がり安全性が低下する。

解答　イ

問題 14. 現実世界において実際には存在しないものを、表現・体験できる技術
に関する以下のアからエまでの記述のうち、最も<u>適切な</u>ものを 1 つ選び
なさい。

ア．AR のために使用される機器は、主にスマートフォンやタブレット型端末で
ある。

イ．MR を利用したゲームの例として、任天堂株式会社の「ポケモン GO」が
挙げられる。

ウ．VR 利用の代表的な例として、都市計画等における景観シミュレーション
が挙げられる。

エ．SR とは、現実世界において実際には存在しないものを、表現・体験できる
技術の総称であり、AR、VR、MR は SR の 1 つである。

解説　xR

ア適　切。AR（拡張現実）は、スマートフォン等を利用して現実の映像の手前にコンピューター画像を表示する技術である。

イ不適切。現実の背景の手前に表示されるポケットモンスターを捕獲、交換等するゲーム「ポケモン GO」は、AR を利用したゲームの例である。MR（複合現実）は、メガネ等を通して見る視界全体の AR のイメージで、複数名での同時体験が可能である。

ウ不適切。景観シミュレーション（高層ビル、橋梁等の建造物の完成後の景観を確認する作業）には、実際の景観に計画されている建造物を重ね合わせて表示する AR（拡張現実）が向いている。VR（仮想現実）は、現実世界を遮断して仮想世界を体験する技術で、ゲームなどで利用されている。VR（仮想現実）による景観シミュレーションが不可能ということはないが、「代表的な例」として景観シミュレーションが挙げられるのは AR である。

エ不適切。現実世界において実際には存在しないものを、表現・体験できる技術を総称して「xR」という。実用化済の xR は、AR（拡張現実）、VR（仮想現実）、MR（複合現実）に大別できるといえる。「SR」は、「Substitutional Reality：代替現実）」のことで、まだ実用化されていない xR の一つである。

解答　ア

問題 15. クラウド AI とエッジ AI に関する以下のアからエまでの記述のうち、最も適切なものを 1 つ選びなさい。

ア．クラウド AI では、専用のハードの購入費などの初期投資が必要である。

イ．Azure Machine Learning は、Microsoft が提供するクラウド AI サービスである。

ウ．エッジ AI の特長として、タイムラグのない判断が可能なことが挙げられるが、セキュリティ面ではクラウド AI に劣る。

エ．「AI の民主化」とは、エッジ AI の普及を表す言葉である。

解説　クラウド AI とエッジ AI

ア不適切。クラウド AI では、専用のハードやソフトの購入費などの初期投資が不要である。

イ適　切。記述の通り。他のクラウド AI サービスとして、Amazon が提供する Amazon AI や Google が提供する Google Cloud Machine Learning などがある。

ウ不適切。エッジ AI の特長として、通信を介さないため、タイムラグのない（リアルタイムの）判断が可能になることが挙げられ、通信コストの低廉化、セキュリティ面の優位性も特長である。セキュリティ面でクラウド AI に劣ることはない。

エ不適切。「エッジ AI の普及」が誤りである。「AI の民主化」は、2017 年に、米国スタンフォード大学教授から Google に転じていた AI 研究者のフェイ・フェイ・リーが初めて示した概念とされる。具体的には、AI を誰もが使えるようにするというものである。その後、Google のみならず、様々な ICT 企業がこの概念を掲げるようになっている。「AI の民主化」は具体的にはクラウド AI により、多くの人にとって AI を利用することのハードルは下がり、様々なリソースが広く使えるようになっていることを表している。

解答　イ

問題16. ロボットに関する以下のアからエまでの記述のうち、最も<u>適切ではない</u>ものを１つ選びなさい。

ア. 産業用ロボットは、JISで「自動制御によるマニピュレーション機能又は移動機能をもち、各種の作業をプログラムによって実行できる、産業に使用される機械」と規定されているが、「マニピュレーション機能」とは、人間の目と脳のように、ある対象物を認識し、適切な動作を行うよう指令する機能のことである。

イ. ロボットは産業用ロボットとサービスロボットの２種類に大きく分けられ、サービスロボットは、産業用ロボット以外のものをいい、ロボット掃除機、コミュニケーションロボットをはじめとして、さまざまなものがある。

ウ. 経済産業省は、ロボット導入にあたって、ユーザー側の業務プロセスや施設環境をロボット導入しやすい環境へと変革することを、「ロボットフレンドリーな環境の実現」として、その実現に向けてユーザーとロボットSIer企業らが参画するタスクフォースでの検討や予算事業等を通じた支援措置を進めている。

エ. 2019 年の経済産業省の資料では、世界のロボットの６割弱が日本メーカー製として、ロボット産業市場における日本の優位性を説いているが、ロボットの導入台数の伸び率は低いとしている。

解説　ロボット

ア不適切。産業用ロボットは、日本産業規格（JISB 0134：1998）で「自動制御によるマニピュレーション機能又は移動機能をもち、各種の作業をプログラムによって実行できる、産業に使用される機械」と規定されている。マニピュレーション機能とは、人間の手のように対象物（部品、工具など）をつかむ機能である。

イ適　切。記述の通り。警備・監視・対話機能を搭載し、セキュリティや案内ロボットとして利用されるケースも増加し、様々な分野で利用されている。

ウ適　切。経済産業省は、ロボット未導入分野におけるロボット導入促進に向けては、ロボットフレンドリーな環境の実現が不可欠とし、「施設管理」「食品」「小売」「物流倉庫」の4分野を重点に、ユーザーとロボットSIer企業らが参画するTFでの検討や予算事業等を通じた支援措置を進めている。ロボットフレンドリーな環境の実現とは、ロボット導入にあたって、ユーザー側の業務プロセスや施設環境をロボット導入しやすい環境へと変革することを指す。

エ適　切。「経済産業省におけるロボット政策」（令和元年7月9日）では、日本は世界一のロボット生産国であり、世界のロボットの6割弱が日本メーカー製（約38万台中21万台）として、ロボット産業市場における日本の優位性を説いているが、ロボットの導入台数の伸び率は低いとして、ロボット技術のさらなる進歩と普及により、生産性の低い産業の向上を図るとしている。

解答　ア

問題17. ドローン等無人航空機に関する以下のアからエまでの記述のうち、最も<u>適切な</u>ものを1つ選びなさい。

　ア．ドローン等無人航空機の飛行を規制する法律は航空法のみではない。

　イ．重量200グラム未満のドローンは、無人航空機ではなく模型航空機に分類される。

　ウ．有人地帯でのドローンの目視外飛行は禁止されている。

　エ．ドローン等無人航空機の飛行は、許可制となっており、登録は義務づけられていない。

解説　ドローン

ア適　切。ドローンに関して規制する主な法律は航空法であるが、小型無人
　　　　　機等飛行禁止法（重要施設の周辺地域の上空における小型無人機
　　　　　等の飛行の禁止に関する法律）では、原則として飛行禁止となる
　　　　　場所が定められている。

イ不適切。「200グラム」が誤りで、正しくは「100グラム」である。マルチ
　　　　　コプターやラジコン機等であっても、重量（機体本体の重量と
　　　　　バッテリーの重量の合計）100グラム未満のものは、無人航空機
　　　　　ではなく「模型航空機」に分類される。

ウ不適切。2022年12月6日、無人航空機の新制度が開始され、機体認証、無人
　　　　　航空機操縦者技能証明、運航に係るルールが整備され、現行のレ
　　　　　ベル1～3の飛行に加えて、有人地帯（第三者上空）での補助者
　　　　　なし目視外飛行を指す「レベル4飛行」が可能となった。

エ不適切。2020年の航空法の改正で無人航空機の登録制度が創設され、2022
　　　　　年6月20日以降、登録していない無人航空機（ドローン）の飛行
　　　　　は禁止され、無人航空機を識別するための登録記号を表示し、リ
　　　　　モートID機能を備えることが義務づけられた。

解答　ア

問題18. 自動運転に係る政府全体の戦略である「官民ITS構想・ロードマップ」における運転自動化レベルの内容に関する以下のアからエまでの記述のうち、最も適切ではないものを1つ選びなさい。

ア.「システムが縦方向又は横方向のいずれかの車両運動制御のサブタスクを限定領域において実行」は「レベル2」である。

イ.「システムが全ての動的運転タスクを限定領域において実行（作動継続が困難な場合は、システムの介入要求等に適切に対応）」は「レベル3」である。

ウ.「システムが全ての動的運転タスク及び作動継続が困難な場合への応答を限定領域において実行」は「レベル4」である。

エ.「システムが全ての動的運転タスク及び作動継続が困難な場合への応答を無制限に実行」は「レベル5」である。

解説　自動運転車

ア不適切。「システムが縦方向**又は**横方向**のいずれか**の車両運動制御のサブタスクを限定領域において実行」は「レベル1」である。「レベル2」は「システムが縦方向**及び**横方向**両方**の車両運動制御のサブタスクを限定領域において実行」である。

イ適　切。記述の通り。レベル3では、高速道路など特定の場所に限り、システムが交通状況を認知して、運転に関わるすべての操作を行うが、緊急時やシステムが作動困難な場合などにより、システムからの要請があれば、ドライバーが要請に応じる。

ウ適　切。記述の通り。レベル4では、高速道路や限られた地域などの特定の場所に限り、システムが交通状況を認知して、運転に関わるすべての操作を行い、緊急時もシステムが対応する。

エ適　切。記述の通り。レベル5は、システムが場所や地域の制限なく、交通状況を認知して、運転に関わるすべての操作を行う完全自動運転である。

解答　ア

問題 19. ビッグデータに関する以下のアからエまでの記述のうち、最も<u>適切ではないもの</u>を１つ選びなさい。

ア．ビッグデータとAIは、人間では思いもよらなかった「未知の発見」を行うことで、データを単に価値の創出に必要なものから、価値の創出の源泉といえるまでにしている。

イ．「令和元年版情報通信白書」では、ビッグデータを特徴づけるものとして、「volume（量）」、「visibility（視認性）」、「velocity（速度）」、「veracity（正確性）」の「４Ｖ」という概念を示している。

ウ．「４Ｖ」に「value（価値）」を加えて「５Ｖ」をビッグデータの特徴とする考え方もある。

エ．政府や地方公共団体などが保有する公共情報も、ビッグデータに含まれる。

| 解説 ビッグデータ |

ア適　切。AIは、データにより「未知の発見」を可能としている。「令和元年版情報通信白書」では、宇宙望遠鏡（探査機）が収集してきたデータを用いてAIで分析した結果、未知の惑星が発見された事例を挙げ、ビッグデータとAIは、従来人間が可能だったことを代わりに行うのみならず、これまで人間では思いもよらなかった「未知の発見」も行うことで、データを単に価値の創出に必要なものから、価値の創出の源泉といえる、としている。

イ不適切。「visibility（視認性）」が誤りで、正しくは「variety（多様性）」である。

ウ適　切。記述の通り。そのほかにも「４Ｖ」から「veracity（正確性）」を除いて「３Ｖ」とする考え方もある。

エ適　切。「官民データ活用推進基本法」を踏まえ、政府や地方公共団体などが保有する公共情報について、データとしてオープン化を強力に推進することとされている「オープンデータ」もビッグデータの１つである。

| 解答　イ |

問題20．AIのイメージに関する次の文章中の（　　　）に入る語句の組合せとして、適切なものを以下のア・イのうち１つ選びなさい。

AIのイメージを尋ねた調査結果（2016年）においては、日本とアメリカでは回答傾向が異なっており、日本では、「（　a　）」の回答が最も多いのに対して、アメリカでは「（　b　）」の回答が最も多い。

ア．a．コンピュータが人間のように見たり、聞いたり、話したりする技術

　　b．人間の脳の認知・判断などの機能を、人間の脳の仕組みとは異なる仕組みで実現する技術

イ．a．人間の脳の認知・判断などの機能を、人間の脳の仕組みとは異なる仕組みで実現する技術

　　b．コンピュータが人間のように見たり、聞いたり、話したりする技術

解説　AI

　AIのイメージを尋ねた調査結果においては、日本とアメリカでは回答傾向が異なっており、日本では会話を重視しているのに対して、アメリカでは認知・判断を重視している。

> 　AIのイメージを尋ねた調査結果（2016年）においては、日本とアメリカでは回答傾向が異なっており、日本では、「**コンピュータが人間のように見たり、聞いたり、話したりする技術**」の回答が最も多いのに対して、アメリカでは「**人間の脳の認知・判断などの機能を、人間の脳の仕組みとは異なる仕組みで実現する技術**」の回答が最も多い。

日米における人工知能（AI）のイメージに関する最大の回答割合の選択肢

調査への回答者 ［回答者数］	複数回答における最大の回答割合となった選択肢 ［回答割合］
日本の就労者 ［1,106 人］	コンピューターが人間のように見たり、聞いたり、話したりする技術［35.6%］
アメリカの就労者 ［1,105 人］	人間の脳の認知・判断などの機能を、人間の脳の仕組みとは異なる仕組みで実現する技術［42.3%］

【出所】ICT の進化が雇用と働き方に及ぼす影響に関する調査研究
［総務省（調査委託先：株式会社野村総合研究所）］
http://www.soumu.go.jp/johotsusintokei/linkdata/h28_03_houkoku.pdf

解答　ア

問題 21. 回帰分析に関する記述として、より<u>適切な</u>ものを以下のア・イのうち
　　　　 1 つ選びなさい。

ア．回帰分析は、教師なし学習に分類される。

イ．回帰分析を用いて、店舗の売上予測を行うことができる。

解説　機械学習

ア不適切。回帰分析は、アウトプットに関するデータである被説明変数を教師
　　　　 データとして利用し、教師あり学習に分類される。

イ適　切。スーパーマーケットの売上額（連続値）は、「チラシの配布数」「曜
　　　　 日」「天候（気温・湿度・天気）」によって説明されるという回帰式
　　　　 を作ることができる。過去のデータから、これらの変数間の関係を
　　　　 回帰式で導出すれば、「チラシの配布数」「曜日」「天気（予報）」を
　　　　 与えることで、「売上高」を予測することができる。

解答　イ

問題22. ニューラルネットワークとディープラーニングに関する記述として、より<u>適切な</u>ものを以下のア・イのうち１つ選びなさい。

ア．ニューラルネットワークの「ニューラル」は「中間的な」という意味である。

イ．ディープラーニングの日本語訳は「深層学習」であるが、この「層」という言葉は「中間層が複数あること」を示している。

解説　ニューラルネットワークとディープラーニング

ア不適切。「ニューラル（neural）」は「神経の」「神経系の」という意味である。ニューラルネットワークは人間の脳の神経回路の仕組みを模したモデルである。

イ適　切。記述の通り。入力層、中間層（隠れ層）、出力層で構成されるニューラルネットワークのうち、中間層が複数となっているものを用いるのが、ディープラーニングである。

解答　イ

問題23．AIに関する以下のアからエまでの記述のうち、最も<u>適切ではない</u>ものを
　　　　１つ選びなさい。

　　ア．AIは、汎用人工知能と特化型人工知能に大別することができ、特化型人工
　　　　知能とはさまざまな思考・検討を行うことができ、初めて直面する状況に
　　　　対応できるAIのことを指す。

　　イ．AIには、強いAIと弱いAIという分類もあり、強いAIは意識や自我を持つAI
　　　　のことを指す考え方もある。

　　ウ．一般社団法人人工知能学会は、AIの研究には二つの立場があり、一つは「人
　　　　間の知能そのものをもつ機械を作ろうとする立場」で、もう一つは「人間
　　　　が知能を使ってすることを機械にさせようとする立場」であるとしている。

　　エ．一般社団法人人工知能学会は、AIの研究のほとんどは「人間が知能を使っ
　　　　てすることを機械にさせようとする立場」であるとしている。

解説　AI

ア不適切。特化型人工知能とは、特定の内容に関する思考・検討にだけに優れ
ている AI のことを指す。様々な思考・検討を行うことができ、初
めて直面する状況に対応できる AI は、汎用人工知能である。

イ適　切。記述の通り。強い AI と弱い AI の分類は観念的であり、強い AI は
概ね汎用人工知能に対応し、弱い AI は概ね特化型人工知能に対応
すると示すケースもある。

ウ適　切。記述の通り。その上で、実際の研究のほとんどは後者（人間が知能
を使ってすることを機械にさせようとする立場）であるとしている。

エ適　切。記述の通り。なお、人工知能の議論で一番難しい部分が、「知能」と
は何かという点である。「知能」が何かというのは、定義が難しく、
考え方も時代とともに変化している。人間が行っている複雑で難し
い作業には知能が必要であるが、いったんそれが機械で当たり前の
ように実現できるようになると、もはやそれを知的作業と呼ばず、
その作業をこなしても人工知能と呼ばなくなってしまう。そのため、
人間にしかできない知的な作業の代替方法を永遠に模索する学問
が人工知能ともいえるのである。

解答　ア

問題24. 「教師あり学習」に関する以下のアからエまでの記述のうち、最も<u>適切ではないもの</u>を1つ選びなさい。

ア. 「教師あり学習」は、結果や正解にあたる「教師データ」が与えられるタイプの機械学習である。

イ. 「教師あり学習」は、主にデータの情報の要約に利用されている。

ウ. コンピュータによる写真のラベル付けは、「教師あり学習」に該当する。

エ. 「教師あり学習」の写真から年齢・性別を判定するモデルでは、戸籍等に基づく年齢・性別ではなく、人間が見て判別した年齢・性別を「教師データ」とするケースもある。

| 解説　機械学習 |

ア適　切。記述の通り。機械学習は、結果や正解にあたる「教師データ」の与えられ方によって大きく、「教師あり学習」、「教師なし学習」、「強化学習」に分類され、「教師あり学習」は、結果や正解に相当する「教師データ」が与えられるタイプの機械学習である。

イ不適切。「教師あり学習」は正解に相当する教師データが与えられ、主に回帰や分類に利用されている。「データのグループ分けや情報の要約」には、主に「教師なし学習」が利用される。

ウ適　切。コンピュータによる写真のラベル付けは、人間があらかじめ画像に割り当てたラベルを教師データとする「教師あり学習」に該当する。例えば、「猫」というラベル（教師データ）が付けられた大量の写真をコンピュータが学習することで、ラベルのない写真が与えられても、「猫」を検出できるようになる。

エ適　切。写真から年齢・性別を判定するモデルでは、戸籍等に基づく年齢・性別を「教師データ」とすることもあれば、人間が見て判別した年齢・性別を「教師データ」とするケースもある。

| 解答　イ |

問題25.「教師なし学習」に関する以下のアからエまでの記述のうち、最も<u>適切ではない</u>ものを１つ選びなさい。

ア.「教師なし学習」では、グループ分けしたグループにコンピュータが名前をつけることはできない。

イ. アウトプットに関するデータは与えられず、インプットに関するデータのみでは、「教師なし学習」はできない。

ウ.「教師なし学習」では、「猫」や「鳥」というラベルは与えられていなくても、形や色などが近い属性でグループ分けすることができる。

エ.「教師なし学習」は、データのグループ分けや情報の要約などに活用される。

解説　機械学習

ア適　切。「教師なし学習」では、コンピュータがグループの名前をつけることはできず、「グループＡ」「グループＢ」といったラベルがないグループになる。

イ不適切。アウトプットに関するデータや正解に相当するデータ・ラベルは与えられず、インプットに関するデータのみであっても、「教師なし学習」は対応可能である。

ウ適　切。教師データに相当するラベルがない場合であっても、大量の画像をコンピュータに学習させれば、画像の特徴（例：大きさ、色、形状）からグループ分けや情報の要約が可能である。

エ適　切。記述の通り。データのグループ分けは「クラスタリング」と呼ばれる分析手法が代表的であり、情報の要約は「次元圧縮」という分析手法が代表的である。

解答　イ

問題26.「強化学習」に関する次の文章中の（　　）に入る最も適切な語句の組合
　　　　せを、以下のアからエまでのうち１つ選びなさい。

> 「強化学習」においては、コンピュータが一定の環境の中で
> （　a　）が学習用データとなり、行動に（　b　）を与えると
> いうプロセスを繰り返すことで、何が（　c　）に良い行動なの
> かを学習させる。
>
> 　　　　　　　　　　　　　　「令和元年版情報通信白書」より

ア．a．試行錯誤を行うこと　　　　b．報酬　　　　c．長期的

イ．a．試行錯誤を行うこと　　　　b．正解　　　　c．短期的

ウ．a．既知とされる情報　　　　　b．正解　　　　c．長期的

エ．a．既知とされる情報　　　　　b．報酬　　　　c．短期的

解説　機械学習

　「強化学習」においては、例えば、二足歩行ロボットが歩く速度や脚の曲げ方
について試行錯誤を行い、長い距離を歩いた場合に報酬を与えるといったこと
を繰り返し、最終的には倒れずにスムーズな歩行ができることになる。

> 「強化学習」においては、コンピュータが一定の環境の中で試行
> 錯誤を行うことが学習用データとなり、行動に報酬を与えるとい
> うプロセスを繰り返すことで、何が長期的に良い行動なのかを学
> 習させる。
>
> 　　　　　　　　　　　　　令和元年版情報通信白書より

解答　ア

問題 27. 機械学習の分析方法のうち、被説明変数と説明変数の関係を定量的に分析し、分析結果に基づく予測を行う方法の名称として、最も適切なものを、以下のアからエまでのうち 1 つ選びなさい。

ア．アソシエーション分析

イ．回帰分析

ウ．ソーシャルネットワーク分析

エ．主成分分析

|解説　機械学習|

　機械学習の分析方法のうち、被説明変数と説明変数の関係を定量的に分析し、分析結果に基づく予測を行う方法は、回帰分析である。回帰分析は、教師あり学習の一手法であり、データの規則性に基づいて予測を行うことができる。

|解答　イ|

問題28. 機械学習の分析方法のうち、同時に購入される商品セットやその確率を
算出する教師なし学習の一つで、ネットショッピングサイトの推薦商品
の提示にも利用されている手法の名称として、最も適切なものを以下の
アからエまでのうち1つ選びなさい。

ア．アソシエーション分析

イ．主成分分析

ウ．ソーシャルネットワーク分析

エ．敵対的生成ネットワーク

解説　機械学習

　アソシエーション分析は、「商品Aを買っている人の○％が商品Bも買って
いる」といった同時購入の確率などを導出する手法である。アソシエーション
分析で把握できた同時購入等の情報は、ネットショッピングにおける推薦（レ
コメンデーション）や実店舗における商品の陳列やセット割引きの検討に利用
できる。

解答　ア

問題29. 決定木に関する以下のアからエまでの記述のうち、最も<u>適切ではない</u>ものを1つ選びなさい。

ア．決定木は、木の枝のような段階を経て分かれる形の樹形図で判別基準を設定し、データを分類する手法である。

イ．決定木は、教師なし学習の一種である。

ウ．決定木のうち、「商品を買う／買わない」といった区分を分析するものを、分類木という。

エ．決定木のうち、「商品を〇円分購入する」という連続的に変化しうる値を分析するものを、回帰木という。

解説　機械学習

ア適　切。記述の通り。決定木では、購入の有無などの結果（教師データ）をもとにデータを分類し、さまざまな要因が結果に与える影響を把握する。

イ不適切。決定木は、現実における選択や分類を教師データとして与える「教師あり学習」の一種である。

ウ適　切。記述の通り。決定木における教師データは、「商品を買う／買わない」「〇円分購入する」といった選択であるのが一般的であり、「商品を買う／買わない」といった区分を分析するものを、分類木という。

エ適　切。記述の通り。なお、決定木は、明確な決定基準が用意されているため、どのような理由で分類が分かれたのかを明確にすることができる点に利点がある。

解答　イ

問題 30. k 平均法に関する以下のアからエまでの記述のうち、最も<u>適切ではない</u>ものを 1 つ選びなさい。

ア．k 平均法は、データを似たもの同士のグループへ分類する方法である。

イ．k 平均法は、教師データを必要としない教師なし学習である。

ウ．k 平均法で把握することができる情報は、ネットショッピングにおけるレコメンデーションに有効である。

エ．k 平均法では、座標上で複数のグループの中心となる点によるグループ分けを行い、グループ毎の座標の平均値（重心）をとって、その重心の位置にグループの中心となる点を移動させる処理をくりかえす。

| 解説 | 機械学習 |

ア適　切。k平均法は、似たもの同士のデータをグループ（クラスター）化して分類する方法である。

イ適　切。記述の通り。教師なし学習は、正解に相当する「教師データ」が与えられないタイプの機械学習であり、大量のデータの中から共通点・相違点・関連性を発見し、分類に活用される手法である。

ウ不適切。把握することができた情報が、ネットショッピングにおけるレコメンデーションに有効な分析方法は、アソシエーション分析である。k平均法で把握できた情報は、「どんなグループが存在するのかわからないけどまとめたい」というような雑多なデータを見やすくするという用途に有効である。

エ適　切。k平均法の手順は、以下の通りである。

(1) 分類するグループ数をk個に定め、グループの中心となる点として、k個の◆の位置をランダムに与える。

(2) 各標本●は、一番距離が近い◆に属すると考えて、各◆に属する標本●にグループ分けする

(3) グループ毎の●の座標の平均値（重心）をとって、その重心の位置に◆を移動させる。

(4) 移動させた後の◆に一番距離が近い●を取り直すことで、再び各◆に属する標本●にグループ分けする

［◆が動かなくなるまで（3）と（4）を繰り返す］

| 解答　ウ |

問題31. アソシエーション分析に関する以下のアからエまでの記述のうち、最も<u>適切</u>
<u>な</u>ものを1つ選びなさい。

ア．アソシエーション分析は、商品の同時購入の確率などを導出する分析手法
である。

イ．アソシエーション分析の主な評価指標として「支持度」「確信度」「アルファ
値」の3種が挙げられる。

ウ．アソシエーション分析は、3種以上の商品の組み合わせに関しては分析で
きない。

エ．アソシエーション分析は、教師あり学習の一つである。

解説　機械学習

ア適　切。アソシエーション分析は、「商品Aを買っている人の○％が商品Bも
　　　　買っている」といった同時購入の確率などを導出する手法である。

イ不適切。「アルファ値」が誤りで、正しくは「リフト値」である。アソシエー
　　　　ション分析の主な評価指標として「支持度（同時確率）」「確信度（条
　　　　件付き確率）」「リフト値（改善率）」の3種が挙げられる。

ウ不適切。アソシエーション分析は、3種以上の商品の組み合わせに関しても
　　　　分析できる。

エ不適切。アソシエーション分析は、教師なし学習の一つである。

解答　ア

問題32. ニューラルネットワークに関する以下のアからエまでの記述のうち、最も適切ではないものを1つ選びなさい。

ア. ニューラルネットワークは「入力層」、「中間層（隠れ層）」、「出力層」の3層から成り立つ。

イ. 中間層（隠れ層）では、一つ前の層から受け取ったデータに対し「重み付け」と「変換」を施して次の層へ渡す。

ウ. ニューラルネットワークは、教師あり学習や強化学習にも応用されるが、教師なし学習としての利用頻度が高い。

エ. ニューラルネットワークは、文字や音声の認識といったパターン認識へ応用されている。

解説　ニューラルネットワーク

ア適　切。記述の通り。3層から成り立つニューラルネットワークのうち、中間層（隠れ層）を多層化したものをディープラーニングという。

イ適　切。記述の通り。ニューラルネットワークの出力は教師データ等と照合され、より一致度が高くなるように重みのつけ方を調整する。

ウ不適切。ニューラルネットワークは、教師あり学習としての利用頻度が高い。

エ適　切。記述の通り。ニューラルネットワークは回帰、分類、画像認識、音声認識、翻訳といった様々な分野で応用されている。

解答　ウ

問題33. ディープラーニングに関する以下のアからエまでの記述のうち、最も<u>適切</u>
<u>ではないもの</u>を１つ選びなさい。

ア．中間層（隠れ層）を３層以上に多層化したニューラルネットワークをディー
プラーニングという。

イ．ディープラーニングでは、特徴量と呼ばれるデータの中で注目すべきポイ
ントを人間が入力、指定する必要はない。

ウ．ディープラーニングはニューラルネットワークの一種である。

エ．ディープラーニングの日本語訳は「深層学習」であるが、この「層」とい
う言葉は「中間層が複数あること」を示している。

解説　ディープラーニング

ア不適切。「３層以上に多層化した」が誤りで、正しくは「２層以上に多層化し
た」である。中間層（隠れ層）を２層以上に多層化したニューラル
ネットワークをディープラーニングという。ディープラーニングの
原理はニューラルネットワークと同じだが、中間層が多層化するこ
とでその精度が向上した。

イ適　切。ディープラーニングによって、特徴量と呼ばれるデータの中で注目
すべきポイントをコンピュータ自ら検出できるようになる。画像
データをプログラミングによって分類する場合、従来は「リンゴは
赤い」「リンゴは丸い」といった特徴量を人間が入力、指定する必要
があった。

ウ適　切。ニューラルネットワークは中間層が複数あるケースを含み、ディー
プラーニングはニューラルネットワークの一種である。

エ適　切。記述の通り。中間層が複数あることで、中間層が１層の場合に比べ
て、より教師データに合致する複雑な出力をすることができる。

解答　ア

問題 34. Google Cloud Platform（GCP）のサービスに関する記述として、よ
り適切なものを以下のア・イのうち１つ選びなさい。

ア．GCP の Natural Language AI は、機械学習を活用して言語の翻訳を実行
するサービスである。

イ．GCP の Vision AI は、AI を利用した画像および動画の解析サービスであ
り、画像に含まれるオブジェクトやシーンを自動的に識別する機能を備え
ている。

解説　| 構築済み AI サービス |

ア不適切。Natural Language AI は、テキスト分析を目的とした機械学習モデ
ルを利用した API サービスである。このサービスは、エンティティ
分析、感情分析、構文分析など、多岐にわたるテキスト解析の機能
を提供している。Google Cloud の機械学習を活用して言語の翻訳を
実行するサービスは、Translation AI である。

イ適　切。Vision AI は、AI を利用した画像および動画の解析サービスであり、
画像から情報を抽出し、分析するためのツールとリソースを提供し
ている。機能の一つに画像に含まれるオブジェクトやシーンを自動
的に識別する画像分類がある。

| 解答　イ |

問題 35. Amazon Polly の説明として最も<u>適切な</u>ものを、以下のアからエまでの
　　　　うち 1 つ選びなさい。

ア．Amazon Web Services（AWS）が提供する、テキスト読み上げサービス
　　である。

イ．AWS が提供する、完全マネージド型の予測サービスである。

ウ．AWS が提供する、エンタープライズ検索サービスである。

エ．AWS が提供する、全文抽出および解析サービスである。

解説　構築済み AI サービス

ア適　切。Amazon Polly は、Amazon Web Services（AWS）が提供するテキ
　　　　　スト読み上げサービスであり、テキストを自然な音声に変換するた
　　　　　めのクラウドベースの音声合成プラットフォームである。

イ不適切。AWS が提供する、完全マネージド型の予測サービスは、Amazon
　　　　　Forecast である。

ウ不適切。AWS が提供するエンタープライズ検索サービスは、Amazon Kendra
　　　　　である。エンタープライズ検索サービスとは、企業や組織内の多様
　　　　　なデータソースを跨いで、情報の検索と取得を容易にするための
　　　　　サービスのことである。

エ不適切。AWS が提供する全文抽出および解析サービスは、Amazon Textract
　　　　　である。

解答　ア

【第３課題　AI 開発の仕事を取り巻く環境】

問題 36.　AI を用いた開発に関する以下のアからエまでの記述のうち、最も<u>適切ではないもの</u>を１つ選びなさい。

ア.「ドメイン」という用語は、コンピュータ科学の分野では、特定の活動や権限の範囲を表す言葉として使われてきた。

イ.「ドメイン知識」とは、特定の分野や業界に関する専門的な知識や理解のことをいう。

ウ.　ドメインエキスパートとは特定の分野での課題を理解して、それを解決するための意思決定に必要な専門的な情報を提供することができるメンバーのことをいう。

エ.　機械学習エンジニアは、データの収集、前処理、分析、モデルの設計、およびトレーニングに関する専門知識を持つメンバーのことをいう。

| 解説 | ドメイン知識とドメインエキスパート |

ア適　切。ドメインという言葉は、コンピュータ科学の分野では、特定の活動や権限の範囲を表す言葉として使われており、一般的にも特定の知識や業務領域を指す用語として使われている。

イ適　切。「ドメイン知識」とは、特定の分野や業界に関する専門的な知識や理解のことをいう。これは、その分野における主要な概念、トレンド、プロセス、課題、および成功の鍵を含む、その分野に関する包括的な情報を指す。

ウ適　切。記述の通り。ドメインエキスパートは、その分野において幅広い経験と洞察を持ち、その知識をビジネスの成功に活かすことができる。

エ不適切。データの収集、前処理、分析、モデルの設計、およびトレーニングに関する専門知識を持つメンバーは、データサイエンティストである。

| 解答　エ |

問題 37. AI 関係のカンファレンスに関する以下のアからエまでの記述のうち、最も<u>適切な</u>ものを１つ選びなさい。

ア．自然言語処理に焦点をあてた ICML は、言語処理の最新の成果を発表する場として知られている。

イ．CVPR は、コンピュータや機械を使って、画像や動画などの視覚的な情報を理解し処理する技術および分野であるコンピュータビジョンの研究成果を発表する場として知られている。

ウ．ACL は、機械学習とディープラーニングについて最新の研究成果の発表やワークショップが行われるカンファレンスで、機械学習とディープラーニングの分野におけるトレンドを把握するのに適している。

エ．カンファレンスから情報を収集することを一般的にリサーチと呼び、広範なトピックや領域について詳細な情報を収集し、概要や要点を把握するための調査や調査活動を指す。

解説　カンファレンスとサーベイ

ア不適切。自然言語処理に焦点を当てたカンファレンスは ACL（Association for Computational Linguistics）である。ICML（International Conference on Machine Learning）は、機械学習分野のカンファレンスで、広範なトピックをカバーしており、機械学習の理論やアプリケーションに関する最新情報が提供されるカンファレスである。

イ適　切。記述の通り。CVPR は、「Conference on Computer Vision and Pattern Recognition」の略である。

ウ不適切。機械学習とディープラーニングのカンファレンスで、世界中から研究者やエンジニアが集まり、最新の研究成果の発表やワークショップが行われるのは NeurIPS（Conference on Neural Information Processing Systems）である。

エ不適切。カンファレンスから情報を収集することを一般的に「サーベイ（Survey）」という。サーベイとは一般的に、広範なトピックや領域について詳細な情報を収集し、概要や要点を把握するための調査や調査活動を指し、特定のトピックに関する文献や情報を収集して要約し、その分野における最新の知識を提供するために使用される。

解答　イ

【第４課題　AIプロジェクトの流れ

〜課題の落とし込みからチューニングまで】

問題38. システム開発における「MVP」の説明として最も<u>適切な</u>ものを、以下の
アからエまでのうち１つ選びなさい。

ア．新しいアイデアや製品の概念を検証するために、ユーザーに提供する、最
小限の機能を持つ試作品のことである。

イ．商品やサービスを初期段階で購入する人々を指し、市場で商品やサービス
を普及させるときに重要になる顧客層のことである。

ウ．構築・計測・学習という過程を繰り返す中で、必要最小限の経営資源でム
ダを省き、コストを抑えながら新規事業を進めるための手法である。

エ．９つのボックスを配置したフォーマットの、新規事業プランを１枚にまと
めるフレームワークである。

解説　ビジネス課題の落とし込み

ア 適　切。MVP とは、「最小限の実現可能なプロダクト」の意味で、最小限の機能を持つプロトタイプまたは製品のことである。このプロトタイプは、新しいアイデアや製品の概念を検証し、実際のユーザーに提供して、フィードバックを収集するために使用される。

イ 不適切。「アーリーアダプター」の説明である。MVP によるテスト・評価は、アーリーアダプターの協力を得ながら行い、アーリーアダプターのフィードバックを基に価値を最大化して完成品につなげる。

ウ 不適切。「リーンスタートアップ」の説明である。リーンスタートアップのプロセスのうち、「計測」では、MVP をアーリーアダプターに提供して、その反応を確認する。

エ 不適切。「リーンキャンバス」の説明である。リーンキャンバスは、リーンスタートアップで新規事業を進める際に、仮説を立てるプロセスで使用される。

解答　ア

問題39. システムの設計に関する次の文章中の（　　）に入る語句として最も適切なものを、以下のアからエまでのうち１つ選びなさい。

> 機械学習のシステムを設計していく上で気をつけるべきことの一つに、予測した結果をシステム全体の中でどのように統合するべきか、という点がある。予測結果の統合については、サービスの特徴によっていくつかの種類に分けられる。その一つに、バッチ処理で学習、リアルタイム処理で予測を行い、予測結果を（　　）経由でサービスに統合するパターンがある。（　　）とは、目標とする機能をその外部から使う際の決まりごとのことであり、その際の窓口のこととらえてもよい。バッチシステムで、定期的バッチ処理によって特徴量の抽出、学習、予測を行い、予測フェーズでは、予測結果は（　　）を介して提供される。

ア．API
イ．DBMS
ウ．DMP
エ．KPI

解説　システムの設計

　API とは、目標とする機能をその外部から使う際の決まりごとのことであり、その際の窓口のこととらえてもよい。予測した結果をシステム全体の中で統合する方法の一つに、バッチシステムで、定期的バッチ処理によって特徴量を抽出、学習、予測を行い、予測フェーズでは、予測結果を API を介して提供する方法がある。

解答　ア

問題 40. AI の学習用データに関する以下のアからエまでの記述のうち、最も<u>適切ではないもの</u>を 1 つ選びなさい。

ア.「UCI Machine Learning Repository」は、アメリカのカリフォルニア大学アーバイン校が公開している機械学習向けのデータセットである。

イ.「ImageNet」は、アメリカ・スタンフォード大学の研究者を中心とした研究グループが管理する、カラー写真の教師ラベル付き画像データベースである。

ウ.「e-Stat」は、Microsoft が開発した、物体検出、意味分割、画像説明文などに利用することができる画像データセットである。

エ.「青空文庫」は、著作権が切れた文学作品などを集めたデータベースであり、テキストデータは一般に利用可能で、自然言語処理の研究にも使用される。

解説　学習用データの作り方

ア適　切。教師データを準備する方法の一つに、公開されたデータセットを
　　　　使う方法があり、「UCI Machine Learning Repository」は、よく
　　　　知られている機械学習向けのデータセットである。

イ適　切。ImageNet は、スタンフォード大学のフェイフェイ・リ (Fei-Fei Li)
　　　　氏を中心とした研究グループが管理するカラー写真の教師ラベル
　　　　付き画像データベースである。

ウ不適切。e-Stat は、総務省統計局が整備し、独立行政法人統計センターが
　　　　運用管理を行う日本の政府統計の総合窓口である。e-Stat では、
　　　　国勢調査、労働力調査、産業統計など、多岐にわたる統計情報が
　　　　提供されている。Microsoft が開発した、物体検出、意味分割、画
　　　　像説明文などに利用することができる画像データセットは、
　　　　「COCO（Common Object in Context）」である。

エ適　切。青空文庫は、著作権の消滅した作品と、「自由に読んでもらってか
　　　　まわない」とされたものを、テキストと XHTML（一部は HTML）
　　　　形式に電子化して公開しているサイトである。

解答　ウ

問題 41. AI の学習用データに関する以下のアからエまでの記述のうち、最も適切ではないものを1つ選びなさい。

ア. 教師データに正解を付与することを「アサーション」という。

イ. 機械学習のプログラムで入力される段階の教師データに用いられる、多次元の数値データを格納できるデータ構造を「テンソル」という。

ウ. 教師データとするデータから不要な情報を削ぎ落とすなどして、実際にそのデータを機械学習のプログラムで使用可能な形にするプロセスを「前処理」という。

エ. 機械学習の学習において、学習時のデータに過剰に適合してよい精度を出すものの、未知のデータに対してはよい精度を出すことができなくなる状態を「過学習」という。

解説　学習用データの作り方

ア不適切。教師データに正解のタグを付与することを「アノテーション」という。アノテーション（annotation）は、「注釈」という意味で、機械学習の教師用データに正解のタグを付与することを指す。

イ適　切。テンソル（tensor）は、ベクトルや行列の概念を一般化したもので、機械学習・ディープラーニングで広く使われている。教師データや入力データをテンソルとして扱うことで、複雑なデータ構造を効率的に処理することが可能になる。

ウ適　切。教師データとするデータから不要な情報を削ぎ落とすなどして、実際にそのデータを機械学習のプログラムで使用可能な形にするプロセスを「前処理」という。「データクレンジング」ともいい、データレコードの重複、データ内の誤記、表記の揺れなどを修正・統一することでデータの品質を高める。

エ適　切。記述の通り。初めての予測で、いきなり高い性能が示された場合は、「過学習」を疑う必要がある。

解答　ア

57

【第5課題　AI プロジェクトの流れ

～運用と効果検証】

問題 42. 機械学習の開発運用体制に関する以下のアからエまでの記述のうち、最も<u>適切ではない</u>ものを 1 つ選びなさい。

ア. 機械学習の開発体制は属人化しやすいため、属人化を回避するために、開発環境や、予測モデルの学習履歴、それに使用したツールなどバージョンも含めて管理できる仕組みを作っておくことが求められる。

イ. 予測結果をスムーズに提供するために、予測モデルのプログラム化とサービスへ反映させる仕組みを確立しておく必要がある。

ウ. 機械学習の開発は、さまざまな処理が密接にからみ、タスクが複雑な依存関係を持つなど、見通しが悪いケースが多く、コンピュータ上の一定の作業を定義して自動化するレンダリングエンジンの活用が有効である。

エ. システムの自動的、かつ継続的な提供の仕組み作りのために、各動作単位で細かくそれらの動きを確認することが必要となり、この場合、できるだけ手動のオペレーションを避ける工夫が必要となる。

解説　機械学習の開発運用体制

ア適　切。機械学習の開発体制は属人化しやすく、引き継ぎが困難なことも珍しくない。属人化を回避するために、開発環境や、予測モデルの学習履歴、それに使用したツールなどバージョンも含めて管理できる仕組みを作っておくことが求められる。

イ適　切。予測結果をスムーズに提供するために、予測モデルをプログラムとして実行可能な状態にして、適切な場所に配置するデプロイを行い、なんらかの手段でそれをサービスに反映させる仕組みを確立しておく必要がある。

ウ不適切。「レンダリングエンジン」が誤りで、正しくは「ワークフローエンジン」である。コンピュータ上の一定の作業を定義して自動化するシステムのことを、ワークフローエンジンという。機械学習の開発は、さまざまな処理が密接にからみ、タスクが複雑な依存関係を持つなど、見通しが悪いケースが多く、これを自前で管理することは困難である。機械学習の分野には、これらを管理するさまざまなワークフローエンジンがある。

エ適　切。記述の通り。システムの自動的、かつ継続的な提供の仕組み作りのために、各動作単位で細かくそれらの動きを確認することが必要となる。この場合、できるだけ手動のオペレーションを避ける工夫も必要となる。モニタリングや定期的なテストの継続的な実行も欠くことができない。それぞれ、通常のコンピューターシステムとは異なり、機械学習ならではの癖や難しさがあるため、指標を正しく設定し、確実に実施することが求められる。

解答　ウ

問題 43. 仮説検定のステップに関する以下のアからエまでの記述のうち、最も<u>適切ではないもの</u>を１つ選びなさい。

ア.「帰無仮説」と「対立仮説」の２種類の仮説を用意し、帰無仮説とは、通常、その現象に特別な効果や差異が生じていないとする仮説である。

イ.「データの収集」のステップでは、２つの異なるモデルの性能を比較する場合、それらのモデルを実際に実行し、結果を得る。

ウ. 収集したデータを使って実施する統計学的テストには、「T検定」、「カイ二乗検定」などの統計的手法を選択することが含まれ、T検定とは、割合の差に意味があるのかを検定するものである。

エ. 統計的テストの結果を解釈し、帰無仮説を採択するか、棄却するかを決定し、帰無仮説が棄却された場合、研究者は効果や関係性が存在すると結論づける。

解説　仮説検定

ア適　切。「仮説の設定」のステップでは、その現象に特別な効果や差異が生じていない状態での仮説である「帰無仮説」と、研究者が証明しようとする効果や関係性が生じている場合の仮説である「対立仮説」の２種類の仮説を用意する。

イ適　切。「データの収集」のステップでは、検定に必要な実験または観測を行ってデータを収集する。例えば２つの異なるモデルの性能を比較する場合、それらのモデルを実際に実行し、結果を得ることを指す。

ウ不適切。T検定は平均値の差に意味があるのかを検定するものである。割合の差に意味があるのかを検定するものは、カイ二乗検定である。

エ適　切。統計的テストの結果を解釈し、帰無仮説を採択するか、棄却するかを決定し、帰無仮説が棄却された場合、対立仮説が採択され、研究者は効果や関係性が存在すると結論づける。

解答　ウ

【第6課題　企業・団体の AI 導入事例】

> ※第6課題の「企業・団体の AI 導入事例」の問題は、各企業・
> 団体の過去のプレスリリース等をもとにしており、問題の
> 内容は、最新の情報と異なる場合があります。

1．製造業

問題 44．製造業における AI の活用事例に関する記述として、<u>下線部が適切な</u>も
のを以下のア・イのうち1つ選びなさい。

ア．株式会社ユーハイムのバウムクーヘン専用AIオーブン「THEO」は、職人
が焼く生地の焼き具合を、<u>各層ごとに</u>画像センサーで解析することで、そ
の技術をAIに機械学習させデータ化して、無人で職人と同等レベルのバウ
ムクーヘンを焼き上げることを可能とする。

イ．六花亭製菓株式会社の製造ラインの故障をAIで予知する実証実験では、収
集したデータをAIエンジンに学習させることで、<u>設備機械の故障箇所</u>を検
知する「見える化」が図られた。

解説　製造業

ア適　切。株式会社ユーハイムのバウムクーヘン専用 AI オーブン「THEO」
は、職人が焼く生地の焼き具合を、各層ごとに画像センサーで解析
することで、その技術を AI に機械学習させデータ化して、無人で
職人と同等レベルのバウムクーヘンを焼き上げることを可能とする。

イ不適切。六花亭製菓株式会社の製造ラインの故障を AI で予知する実証実験
では、収集したデータを AI エンジンに学習させることで、<u>設備機
械が故障する予兆</u>を検知する「見える化」が図られた。

解答　ア

問題 45. 製造業における AI の活用事例に関する記述として、<u>下線部が適切な</u>ものを以下のア・イのうち１つ選びなさい。

ア．株式会社明電舎は、対象空間にどのように材料を配置すればよい特性が得られるかを探索する手法である<u>タクソノミーⅠ型手法</u>にAIを用いた、電気自動車用モーターの設計支援プログラムを北海道大学と共同で開発した。

イ．サントリー食品インターナショナル株式会社と株式会社日立製作所が開発したAIを活用し最適な<u>生産計画を自動立案するシステム</u>では、平均毎週約40時間かかっていた立案業務を、約１時間で自動的に行えるようにした。

<u>解説 製造業</u>

ア不適切。株式会社明電舎は、AI を用いた<u>トポロジー最適化手法</u>（対象空間にどのように材料を配置すればよい特性が得られるかを探索する手法）による EV（電気自動車）用モーターの設計支援プログラムを北海道大学と共同で開発した。なお、タクソノミーとは「分類」を意味する用語である。例えば国家試験問題の分類には、Ⅰ型、Ⅱ型、Ⅲ型があり、Ⅰ型は単純な知識の想起によって解答できる問題、Ⅱ型は与えられた情報を理解・解釈してその結果に基づいて解答する問題、Ⅲ型は設問文の状況を理解・解釈した上で、各選択肢の持つ意味を解釈して具体的な問題解決を求める問題である。

イ適 切。従来は、複数の熟練者がさまざまな要件を考慮し、平均毎週約 40 時間かけて生産計画を立案する業務を行っていた。しかし複雑な制約条件を考慮して計画を立案するためには高度な能力と膨大な時間を要するほか、エリア単位で生産計画を立案していることから、エリアごとの個別最適となっており、生産リソース全体を有効活用した最適案を策定するまでには至らなかった。このような状況のなか、サントリーの計画立案ノウハウと日立の AI 技術を組み合わせて開発された本システムでは、実行可能かつ最適な生産計画を約１時間で自動立案できるとした。

解答　イ

問題46. 製造業におけるAIの活用事例に関する以下のアからエまでの記述のうち、下線部が適切ではないものを１つ選びなさい。

ア．オークマ株式会社と日本電気株式会社（NEC）が開発した、工作機械が自律的にドリル加工の診断を行う技術「OSP-AI加工診断」は、ドリル摩耗状態をグラフで可視化し、ドリル交換を最適化させ、工具費の大幅削減をもたらしている。

イ．株式会社FUJIと株式会社ALBERTは、プログラミングが不要で部品認識ができる多関節ロボットの共同開発を行ったが、その部品認識機能にはディープラーニング技術を活用した学習済みモデルが搭載されている。

ウ．NECソリューションイノベータ株式会社が提供開始するクラウドサービス「NEC AI・画像活用見える化サービス／生産管理・検査支援」は、収集した良品画像のみを学習するだけで良品・不良品の検出・分類を行うことを可能とする。

エ．日本電気株式会社（NEC）がサントリービール株式会社に提供した異常予兆検知システムは、設備に設置されている多数のセンサーから大量の時系列データを収集・分析し、センサー間の「いつもと違う状態」をまずモデル化する。

解説　製造業

ア適　切。ドリルの摩耗が原因で生じる不具合対策として、寿命の6～7割で
　　　　ドリルを交換するなど、コストの増加につながることもあった。
　　　　「OSP-AI 加工診断」により、突発異常の検出や摩耗状態の可視化
　　　　が可能となる。

イ適　切。共同開発の第一段階として、多関節ロボット「SmartWing」の部品
　　　　認識機能にディープラーニング技術を活用した学習済みモデルが
　　　　搭載され、初めて見る部品であっても AI で自動認識し、プログラ
　　　　ミングなしで部品認識ができるようになった。

ウ適　切。記述の通り。従来のサービスでは、良品・不良品のそれぞれの画像
　　　　を学習することで良品・不良品の検出・分類を行なってきたが、今
　　　　回の「NEC AI・画像活用見える化サービス／生産管理・検査支援」
　　　　は、独自アルゴリズムの追加により、収集した良品画像のみを学習
　　　　するだけで良品・不良品の検出・分類を行うことを可能とした。

エ不適切。設備に設置されている多数のセンサーから大量の時系列データを収
　　　　集・分析し、センサー間の**不変的な関係性（インバリアント）をモ
　　　　デル化する**とともに、ここから予測されるデータの変化と実際の
　　　　データを比較することで「いつもと違う」状態を予兆段階で検知す
　　　　る。

解答　エ

問題47. 製造業におけるAIの活用事例に関する以下のアからエまでの記述のうち、下線部が適切ではないものを１つ選びなさい。

ア. 株式会社アビストは、株式会社pluszeroと共同で、生成AI技術と、pluszero が特許を保有している「AEI」を組み合わせることにより、製造業全体の品質向上や生産性向上を実現するサービスの開発を本格化し、同サービスにおいて、製造業の品質検査で用いられているチェック項目の文章自体をAEIで解析し、会社固有の表現や曖昧な言い回しの標準化を行う。

イ. 東京エレクトロンデバイス株式会社の、生産現場における外観検査のためのAIプラットフォーム「TAiVIS」は、クラウドでの推論に特化した外観検査アプリケーションを搭載しており、ディープラーニングの識別技術を生かし、カメラで撮影した検査対象物の画像の特徴から良品・不良品の判定を自動で行い、これまで目視検査に頼っていた判定を自動化する。

ウ. キリンビール株式会社は、主に「仕込」→「発酵」→「貯蔵」→「濾過」→「保管」の５つのプロセスで進められるビール醸造のうち、「仕込」→「発酵」の過程について、AIを活用して最適な計画を自動で立案するシステムの試験運用を開始した。

エ. 住友電気工業株式会社とソフトバンク株式会社は、５Gを活用した映像伝送とAIを用いた映像解析により、工場の作業を自動的に、かつリアルタイムに見える化する実証実験を行った。

解説　製造業

ア適　切。機械設計・システム・ソフトウェア開発を行う株式会社アビストは、AI・自然言語処理といった各種テクノロジーのソリューション提供・開発・保守・運用を行う株式会社pluszeroと共同で、生成AI技術と、pluszeroが特許を保有している「AEI」を組み合わせることにより、製造業全体の品質向上や生産性向上を実現するサービスの開発を本格化する。両社は、同サービスにおいて、製造業の品質検査で用いられているチェック項目の文章自体をAEIで解析し、会社固有の表現や曖昧な言い回しの標準化を行う。この標準化により、テスト工程において、作業者固有の知識に依存することなく、ミスを低減し、品質向上に寄与する。

イ不適切。東京エレクトロンデバイス株式会社は、生産現場における外観検査のための AI プラットフォーム「TAiVIS（タイビス）」を、2019 年6 月より受注開始した。「TAiVIS」は、**エッジ**での推論に特化した外観検査アプリケーションを搭載している。ディープラーニングの識別技術を生かし、カメラで撮影した検査対象物の画像の特徴から良品・不良品の判定を自動で行うため、個体差がある製品の検査や、汚れや色ムラを見る官能検査、過検知の判断など、これまで目視検査に頼っていた判定を自動化する。

ウ適　切。仕込・酵母計画システムは、株式会社 NTT データと共同して各工場熟練者へヒアリングを行うことでさまざまな制約を洗い出し、制約プログラミング技術を活用することで、熟練者の知見を顕在化させ、標準化したものである。

エ適　切。住友電気工業株式会社とソフトバンク株式会社は、スマート工場の実現に向けた取組みの一環で、5 G（第 5 世代移動通信システム）を活用した映像伝送と AI を用いた映像解析により、工場の作業を自動的に、かつリアルタイムに見える化する実証実験を行った。

解答　イ

２．自動車

問題 48. TRUST SMITH 株式会社のドライブレコーダー映像から個人情報を取り除く AI に関する記述として、<u>下線部が適切な</u>ものを以下のア・イのうち１つ選びなさい。

ア．この技術の特徴として、既存の映像処理技術では困難だった<u>クラウド</u>での処理が可能となったことが挙げられる。

イ．この技術の特徴として、<u>情報量の多い高精度の映像</u>に対しても高速に処理することができることが挙げられる。

解説　自動車

ア不適切。この技術では、既存の映像処理技術では困難だった**オンプレミス**での処理が可能となり、ドライブレコーダーで撮影される映像に対して、リアルタイムで個人情報を特定し、取り除くことができる。

イ適　切。この技術では、最先端の技術を活用した独自のライブラリにより、情報量の多い高精度の映像に対しても高速に処理することができ、１枚の画像に多くの人物と自動車が含まれていても、その顔とナンバープレートがモザイク処理される。

解答　イ

問題 49.　大和ハウス工業株式会社他の AI 搭載自動運転フォークリフト等を活用する、サプライチェーン全体の効率化・省エネ化に取り組む実証事業のポイントの、<u>下線部が適切な</u>ものを以下のア・イのうち１つ選びなさい。

ア．自動運転フォークリフトを用いた物流施設の<u>ピッキング</u>の自動化

イ．発着荷主間でのトラックの<u>待機時間</u>短縮による効率化、エネルギー削減

解説　自動車

ア不適切。物流施設内の業務においては、荷物のピッキングや無人搬送車（AGV）等、一部の自動化は進んでいるものの、物流施設の「入荷」と「出荷」においては作業が複雑なため、未だに大半が人手作業で行われている。

イ適　切。物流施設の「入荷」と「出荷」のタイミングにトラック運行を連携させることによる待機時間の削減等のさらなる効率化等の必要性が挙げられている。

解答　イ

問題 50. 自動車産業における AI の活用事例に関する以下のアからエまでの記述のうち、下線部が適切なものを 1 つ選びなさい。

ア．ソフトバンク株式会社は、東京・竹芝において、自動運転のレベル 4 で配置が義務づけられる安全統括管理者が、自動運転の遠隔操作を行うためのシステムの検証を行っている。

イ．株式会社 SUBARU が富士通株式会社と共同で開発した、研削加工の品質を高精度に判定する AI モデルは、フロントガラスの表面の粗さや形状などの加工品質を高精度に判断し保証するものである。

ウ．2021 年に本田技研工業株式会社が発売した新型「LEGEND（レジェンド）」の「トラフィックジャムパイロット（渋滞運転機能）」は、自動運転レベル 4 に適合する先進技術である。

エ．豊田通商株式会社は、後続車の運転席を無人とした状態でのトラックの後続車無人隊列走行技術を実現し、隊列内への一般車の割り込みを防止するために、隊列内の車間距離を常に 5 m から 10m 以内にする制御が行われた。

解説　自動車

ア不適切。　ソフトバンク株式会社は、持続性が高い自動運転サービスの早期社会実装を目指して、自動運転の走行経路の設計や遠隔監視の運行業務などを AI で完全無人化する実証実験を、2023 年 1 月に東京都港区の竹芝エリアで開始した。自動運転のシステムに関する検証は、自動運転のレベル 4 で配置が義務づけられる、運用や緊急時の対応を担う**特定自動運行主任者**が、自動運転の遠隔操作を行うためのシステムの検証である。

イ不適切。　株式会社 SUBARU では、IoT や AI などのデジタル技術を活用した生産工場のさらなるレベルアップを推進する取り組みを実施している。その一環として、AI モデル構築技術を保有する富士通と共同開発してきた AI モデルを用いた実証実験を群馬にて行なっていた。これは加工プロセスを監視することで**カムシャフト**の表面の粗さや表面形状などの加工品質を高精度に判断し保証するものである。

ウ不適切。　2021 年に本田技研工業株式会社が発売した新型「LEGEND（レジェンド）」の「トラフィックジャムパイロット（渋滞運転機能）」は Honda が国土交通省より自動運行装置として型式指定を取得した自動運転**レベル 3**（条件付自動運転車（限定領域））に適合する先進技術であり、これにより高速道路渋滞時など一定の条件下で、システムがドライバーに代わって運転操作を行うことが可能となった。

エ適　切。　有人の先頭車の走行軌跡を、無人の後続車が自動で追従する制御（先頭車追従制御）と、隊列内への一般車割り込みを防止するため、隊列内の車間距離を常に 5 m から 10m 以内にする制御（車間距離維持制御）の 2 つの制御を使用している。

解答　エ

3．農林水産業

問題 51．農林水産業における AI の活用事例に関する記述として、<u>下線部が適切</u><u>な</u>ものを以下のア・イのうち 1 つ選びなさい。

ア．株式会社プレナスは、ドローンを使って水田を上空から撮影し、生育具合の目安となる<u>葉色の色ムラを把握した後</u>、必要箇所に重点的に肥料を投下する取組みを開始した。

イ．株式会社オプティムが提供した、ドローンによる「ピンポイントタイム散布」サービスは、<u>毎日決められた時間にドローンが農場に水を散布する</u><u>サービス</u>である。

解説　農林水産業

ア適　切。株式会社プレナスは、ドローンを使って水田を上空から撮影し、生育具合の目安となる葉色の色ムラを把握した後、必要箇所に重点的に肥料を投下する新たな取り組みを開始した。株式会社スカイマティクスの葉色解析サービス「いろは」の活用である。上空からの視点で水田の隅々の生育状況を見える化できるだけでなく、より精度の高い生育状況の確認も可能となる。

イ不適切。株式会社オプティムが提供した、ドローンによる「ピンポイントタイム散布」サービスは、<u>AI による生育予測技術や病害虫発生予察技術と</u><u>ドローン防除の知見を組み合わせて、最も適切な農薬散布時期を特定</u><u>して、同じ効果をより少ない農薬散布頻度によって実現するサービス</u>である。株式会社オプティムのサービスには、無人ヘリなどの共同防除で適期に農薬を撒けていないという課題が背景として存在していた。そこで、生育予測技術と病害虫発生予察技術による防除の適期判定と、ドローンパイロットシェアリングサービス「DRONE CONNECT」の「ドローン農薬散布防除サービス」を通して培った散布ノウハウを組み合わせ、適期防除が可能な「ピンポイントタイム散布」サービスの提供が開始された。

解答　ア

問題52. 静岡大学と株式会社Happy Qualityの、高糖度トマト栽培に関する記述として、下線部が適切なものを以下のア・イのうち１つ選びなさい。

ア．静岡大学とHappy Qualityは、高糖度のトマト栽培の重要な要因である水分ストレスは植物のしおれ具合から把握できると仮定し、温度、湿度、明るさなどのデータを使用して、植物の葉の色の変化量を高精度に予測するAIの研究開発に成功した。

イ．静岡大学とHappy Qualityは、急な天候変化に追従した適切な灌水制御によって、従来の日射比例による灌水制御に比べ果実の裂果を大幅に減らし、高糖度トマトを高い可販果率で生産できることを確認した。

解説　農林水産業

ア不適切。静岡大学と株式会社 Happy Quality は、トマトの糖度に重要な要因である水分ストレスは植物のしおれ具合から把握できると仮定し、低解像度の草姿画像と、温度、湿度、明るさという比較的収集の容易なデータを使用して、**植物の茎の太さ（茎径）** の変化量を高精度に予測する AI の研究開発に成功した。

イ適　切。静岡大学と株式会社 Happy Quality は、急な天候変化に追従した適切な灌水制御によって、従来の日射比例による灌水制御に比べ果実の裂果を大幅に減らし、高糖度トマトを高い可販果率（95％）で生産できることを確認した。

解答　イ

問題 53. 農林水産業における AI の活用事例に関する以下のアからエまでの記述のうち、下線部が適切ではないものを 1 つ選びなさい。

ア. 株式会社クボタが発表したコンセプトトラクタは、AI や電動化技術などが備わった完全無人の自動運転トラクタである。

イ. 九州電力株式会社、九電ビジネスソリューションズ株式会社、九州林産株式会社による森林資源の「見える化サービス」とは、ドローンによる3D測量データの分析をAIを使って行うものであり、樹木の本数、樹種の識別などを分析することができる。

ウ. 株式会社コーンテックの養豚農家向け AI カメラ「PIGI（ピギ）」では、新規に施設を建築したり大きな設備投資をしなくても、豚の個体数や体重測定・健康状態の把握のほか、施設の気温・湿度を監視し、出荷予測などにも活用することを可能にする。

エ. ウミトロン株式会社は、ポータブルの撮影用カメラとスマートフォンアプリの操作によって、水中にいる魚のサイズを自動測定し、クラウドでのデータ管理が可能な沖合漁業向けスマート魚体測定システムを開発した。

| 解説 | 農林水産業 |

ア適　切。天候や生育状況などのデータから AI が適切な農作業を判断し、適時に実行に移すことにより、人が運転することのない、完全無人の超省力化を実現する。また、リチウム電池とソーラーバッテリーを併用することで、全ての電力を電気で賄い、排気ガスを一切出さず環境負荷低減に貢献する。

イ適　切。森林資源の見える化サービスは、ドローンによる3D 測量データを、AI を使って分析する。AI の分析は、森林資源を可視化するもので、高精度なレーザー測量と AI 技術により、森林の地形や境界を地図上に表示するほか、樹木の本数、樹種の識別、樹高、直径、材積、材価などの資源量分析などが可能となる。

ウ適　切。「PIGI」は、監視カメラやセンサーを施設導入することで人の目を代替して豚の行動を解析することによって、新規に施設を建築したり大きな設備投資をしなくても、IoT・AI を活用した家畜管理ができるようになるとしている。

エ不適切。ウミトロン株式会社のスマート魚体測定システムは、<u>水産養殖向け</u>のシステムである。ウミトロン株式会社は、AI・IoT 技術を活用し、ポータブルの撮影用カメラとスマートフォンアプリでの操作によって、水中にいる魚のサイズを自動で測定し、クラウドでのデータ管理が可能な水産養殖向けスマート魚体測定システム「UMITRON LENS®」を開発した。

| 解答 | エ |

4．健康・医療・介護

問題 54. 健康・医療・介護分野における AI の活用事例に関する記述として、<u>下線部が適切な</u>ものを以下のア・イのうち１つ選びなさい。

ア．エルピクセル株式会社が発表した脳動脈瘤の疑いがある部分を検出する医用画像解析ソフトウェアは、ディープラーニングを活用した<u>脳 MRI 分野</u>のプログラム医療機器である。

イ．アクセンチュア株式会社と国立研究開発法人国立国際医療研究センターは、蓄積された<u>約 1 万件</u>の匿名化された健康診断データを活用して、生活習慣病の将来リスクを確率として提示する、解釈性の高い AI モデルを構築し、健康管理アプリに提供している。

解説　健康・医療・介護

ア適　切。世界有数の MRI 保有国である日本では、比較的安価に MRI 検査を受診できることから脳ドックが普及しており、破裂することで「くも膜下出血」の要因となる「未破裂脳動脈瘤」が発見されるケースが多くなっている。人工知能を活用した独自のアルゴリズムによって、脳 MRI、胸部エックス線、大腸内視鏡などの医療画像情報を解析し、効率的で、正確な診断ができる環境の提供を目指すとしている。

イ不適切。本肢の共同研究では、**約 12 万件**の匿名化された健康診断データを活用して予測精度と解釈性を両立させながら、生活習慣病の発症確率を提示するアルゴリズムが開発された。

解答　ア

問題 55. 医療における AI の活用事例に関する記述として、<u>下線部が適切なもの</u>を以下のア・イのうち 1 つ選びなさい。

ア. 新医療リアルワールドデータ研究機構株式会社の医療リアルワールドデータの活用の取組は、さまざまな医療情報を収集・蓄積するとともに、<u>非構造の</u>医療リアルワールドデータの活用および、臨床研究や医薬品開発等における活用のために、生成 AI 等の新しい技術の開発・導入をめざすものである。

イ. 日本電気株式会社の AI 診断支援医療機器ソフトウェア「WISE VISION™ Endoscopy」に搭載された大腸内視鏡画像解析技術は、既存の内視鏡機器に接続することで、内視鏡検査時に撮影する画像から、病変候補部位が<u>腫瘍性である可能性</u>を高い場合、低い場合と判定し、解析結果を表示する。

解説　健康・医療・介護

ア不適切。新医療リアルワールドデータ研究機構株式会社は、電子カルテに蓄積された医療情報等の非構造データに関し、生成 AI 等の新たな技術を用いて構造化し、自社が提供する CyberOncology®をはじめとする Cyber R シリーズに収集・蓄積する取組みを進める。こうして**構造化された**医療リアルワールドデータの活用により、医療の質の向上、臨床研究や医薬品開発の促進に寄与するという。

イ適　切。日本電気株式会社の AI 診断支援医療機器ソフトウェア「WISE VISION™ Endoscopy」に搭載された大腸内視鏡画像解析技術は、既存の内視鏡機器に接続することで、内視鏡検査時に撮影する画像から、病変候補部位が腫瘍性である可能性を高い場合、低い場合と判定し、解析結果を表示する。この導入により、内視鏡医による病変の鑑別支援と患者の負担軽減に貢献するとしている。

解答　イ

問題 56. 健康・医療・介護分野における AI の活用事例に関する次の文章中の
（　　　）に入る語句の組合せとして最も適切なものを、以下のアからエ
までのうち１つ選びなさい。

> 京都大学・九州大学・東京医療センターの研究グループは、「優
> しさを伝える介護技術」として知られている「ユマニチュード」
> の技術を AI で評価する手法を開発した。ユマニチュードの初心
> 者／中級者／熟練者それぞれの介護動作中の動きを、（　　a　　）
> で撮影したデータをもとに、介護者と被介護者間の（　　b　　）の
> 成立頻度や頭部の姿勢／距離などを検出する。その結果、初心者
> ／中級者／熟練者の間で、（ｂ）の成立頻度や顔間距離、顔正対
> 方向の角度において大きな差があることを見出し、介護者の動
> 作スキルの評価が AI によって行える可能性を示した。

ア．a．頭部装着カメラ　　　　　　　　b．会話

イ．a．ベッドサイド設置カメラ　　　　b．会話

ウ．a．頭部装着カメラ　　　　　　　　b．アイコンタクト

エ．a．ベッドサイド設置カメラ　　　　b．アイコンタクト

解説　健康・医療・介護

　ユマニチュードの初心者／中級者／熟練者それぞれの介護動作中の目線や頭部の動きを、頭部装着カメラで撮影したデータをもとに、顔検出技術、アイコンタクト検出技術などを使って、介護者と被介護者の間のアイコンタクト成立頻度や頭部の姿勢／距離などを検出する。その結果、初心者／中級者／熟練者の間で、アイコンタクトの成立頻度や顔間距離、顔正対方向の角度において大きな差があることを見出し、介護者の動作スキルの評価が AI によって行える可能性を示した。「優しい介護技術」を学ぼうとする人が自分の介護技術を客観的に見ることができる。

　京都大学・九州大学・東京医療センターの研究グループは、「優しさを伝える介護技術」として知られている「ユマニチュード」の技術を AI で評価する手法を開発した。ユマニチュードの初心者／中級者／熟練者それぞれの介護動作中の動きを、**頭部装着カメラ**で撮影したデータをもとに、介護者と被介護者間の**アイコンタクト**の成立頻度や頭部の姿勢／距離などを検出する。その結果、初心者／中級者／熟練者の間で、**アイコンタクト**の成立頻度や顔間距離、顔正対方向の角度において大きな差があることを見出し、介護者の動作スキルの評価が AI によって行える可能性を示した。

解答　ウ

問題 57. 健康・医療・介護分野における AI の活用事例に関する以下のアからエ
　　　　までの記述のうち、<u>下線部が適切ではない</u>ものを 1 つ選びなさい。

ア．TAKAO AI 株式会社が開発した、<u>テキストデータ</u>を自動で点字に翻訳する
　　点訳エンジン「∷doc（てんどっく）」は、ディープラーニング等の手法を
　　用いることで、処理時間の高速化、要約文章の生成や一部の代表的な情報
　　を重点的に点訳することなどを実現している。

イ．倉敷中央病院と日本電気株式会社（NEC）は、NEC の AI 技術を活用した
　　ソフトウェア「NEC 健診結果予測シミュレーション」を用いて、病院に蓄
　　積されている健康診断データを分析し、健診結果の予測の精度向上に取り
　　組み、さらに<u>生活習慣</u>と診療データの関連性を検証することで、「予防医療
　　プラザ」で利活用することも検討している。

ウ．SOMPO ホールディングス株式会社が新しい介護のあり方を創造するプロ
　　ジェクトにおいて開設した研究所では、介護業務に関するテクノロジーの
　　研究開発・実証・評価が行われているが、AI を駆使してケアスタッフの負
　　荷を軽減して生じたゆとりを、<u>人にしかできないケア</u>に転換していくこと
　　を追求している。

エ．塩野義製薬株式会社と InveniAI 社とのマルチターゲット創薬に関する共
　　同研究において使用される AI 創薬プラットフォームは、特定の疾患に関
　　連する<u>標的分子</u>を選定するだけでなく、その疾患に関連する周辺の因子を
　　可視化することで、関連する複数の標的やその標的に対する既存薬の提唱
　　を可能とする。

解説 健康・医療・介護

ア不適切。「:::doc（てんどっく）」は、**画像データ**を自動で点字に翻訳する点
　　　　　訳エンジンである。従来の点字翻訳は、点字の技術を有する専門家
　　　　　による作業が必要であったため、時間や高いコストがかかっていた
　　　　　が、「:::doc」を使えば、スマートフォンやパソコンのブラウザ上に
　　　　　撮影した写真をアップロードするだけで、数秒後には点訳結果が画
　　　　　面に表示される。「:::doc」により、視覚障害者は他人を介すことな
　　　　　く、日常的に受け取る学校からの手紙や地域イベントのお知らせ、
　　　　　周辺スーパーチラシの特売情報などの印刷物も他人を介すること
　　　　　なく、タイムリーに情報へアクセスすることができるようになる。

イ適　切。倉敷中央病院と NEC は、NEC の AI 技術を活用したソフトウェア
　　　　　「NEC 健診結果予測シミュレーション」を用いて、倉敷中央病院に
　　　　　蓄積されている健康診断データを分析し、健診結果の予測の精度向
　　　　　上に取り組む。さらに診療データも組み合わせて分析し、生活習慣
　　　　　と診療データの関連性を検証することで、発症予測まで視野に入れ
　　　　　た技術検証を進め、「予防医療プラザ」で利活用することも検討し
　　　　　ている。

ウ適　切。SOMPO ホールディングス株式会社が開設した研究所においては、
　　　　　「食事」「入浴」「排泄」などの介護業務に関するテクノロジーの研
　　　　　究開発・実証・評価が行われている。ICT やロボット、AI を駆使し
　　　　　てケアスタッフの負荷を軽減し、そのゆとりを、対話をはじめとす
　　　　　る「人にしかできないケア」に転換していく「新しい介護のあり方」
　　　　　を追求している。

エ適　切。InveniAI 社が有する「AlphaMeld®」は、過去 10 年以上にわたっ
　　　　　て培われたデータセットをもとに構築された機械学習アルゴリズ
　　　　　ムであり、特定の疾患に関連する標的分子を選定するだけでなく、
　　　　　その疾患に関連する周辺の因子を可視化することで、関連する複数
　　　　　の標的や一つの標的に対する既存薬の提唱を可能とする AI 創薬プ
　　　　　ラットフォームである。

解答　ア

5．金融

問題58．保険業におけるAIの活用事例に関する記述として、<u>下線部が適切なも</u>のを以下のア・イのうち1つ選びなさい。

ア．SBI生命保険株式会社は、音声認識・音声合成エンジンを活用した、電話での問い合わせに24時間365日、自動で応答が可能なAI電話自動応答システム「MOBI VOICE（モビボイス）」の導入により、<u>生命保険料控除証明書発行の新規受付</u>を完全に自動化した。

イ．損害保険ジャパン日本興亜株式会社（現損害保険ジャパン株式会社）は、ドライブレコーダーによって撮影・取得された衝突時の映像とGPS位置情報から事故状況を正確に分析することにより、<u>自動車交通事故</u>における<u>責任割合</u>を自動算定するシステムを、ジェネクスト株式会社と共同開発することに合意した。

解説　金融

ア不適切。「生命保険料控除証明書発行の新規受付」が誤りで、正しくは「生命保険料控除証明書発行の再発行の受付」である。「MOBI VOICE（モビボイス）」は、音声認識・音声合成エンジンを活用し、電話での問い合わせに24時間365日、自動で応答できるシステムであり、「MOBI VOICE」が自動でヒアリングし書き起こした内容をRPA（ロボティックプロセスオートメーション）と連携して、生命保険料控除証明書の再発行を受付から後処理までを完全に自動化した。

イ適　切。ジェネクストは、従来のドライブレコーダーにおける、広角レンズで映像を撮影するため映像に歪みが生じるような映像からでも、正確な速度、相対的な距離、位置情報を分析できる特許技術を保有している。この技術と、映像における車両挙動・道路形態を認識し判定するAI技術を組み合わせることで、衝突時の映像から事故に至る双方の車両の動きや道路状況など、多岐に渡る情報を正確に読み取ることが可能になることから、読み取った情報と損保ジャパンが蓄積してきた事故に関する知見などを基に、確度の高い責任割合の判定を自動かつ迅速に行うことができるとしている。

解答　イ

問題 59. 金融業における AI の活用事例に関する記述として、<u>下線部が適切なも</u>のを以下のア・イのうち1つ選びなさい。

ア. ChatGPTの試行導入を決定した京都銀行は、その利用業務を、「業務上の文書作成、要約、翻訳、情報収集、<u>マクロやプログラム等のコード作成</u>、アイデアの創出等」としている。

イ. 株式会社PKSHA Technology、日本マイクロソフト株式会社と連携して東京海上日動火災保険株式会社が利用を開始した対話型AIは、同社が保有する大量の<u>契約書</u>や保険商品約款等の情報を用いて開発された。

|解説　金融|

ア適　切。京都銀行は、業務の効率化、生産性向上、行員のAIスキル向上等を目的に、ChatGPTの試行導入を決定した。利用業務は、「業務上の文書作成、要約、翻訳、情報収集、マクロやプログラム等のコード作成、アイデアの創出等」としている。

イ不適切。東京海上日動火災保険株式会社が利用を開始した対話型AIは、同社が保有する大量の**マニュアル**や保険商品約款等の情報を用いて開発された。

|解答　ア|

問題60. 金融分野におけるAIの活用事例に関する以下のアからエまでの記述のうち、下線部が適切ではないものを１つ選びなさい。

ア．大同生命保険株式会社が、アクセンチュア株式会社と共同で開発し、2020年４月に導入した医務査定業務におけるAIモデルは、死亡保障・医療保障などの商品ごとに引受の可否や保険料等の契約条件をAIが予測し、査定担当者の参考情報として提示するが、予測に影響を与えた病名等の情報も提示される。

イ．SMBC日興証券株式会社とHEROZ株式会社が開発した「AI株式ポートフォリオ診断」は、現代ポートフォリオ理論に基づく効率的な複数銘柄での運用を、インターネットを通じて、顧客に資産運用を幅広く利用してもらうという顧客本位の業務運営を具現化するサービスである。

ウ．株式会社SBI証券は、保有する数年分の相場操縦取引に関する取引データや重要事実データ等を学習したAIモデルを生成し、相場操縦取引の疑い度合いをスコアリングすることで審査業務を支援している。

エ．大阪シティ信用金庫の「お客さま資金ニーズ予測AI」システムは、共同研究開発をしている株式会社NTTデータが開発したシステムをもとに、大阪シティ信用金庫が持つ各種データをAIが学習し、資金ニーズが見込まれる顧客をAIが予測してリスト化するシステムである。

解説　金融

ア適　切。大同生命保険の医務査定業務における AI モデルでは、商品ごとの引受の可否や保険料等の契約条件を AI が予測し、査定担当者の参考情報として提示するだけではなく、AI の予測に影響を与えた因子（病名・検査数値等）が表示される。2020 年 4 月に導入した医務査定業務における AI モデルの特許は、①査定予測の表示、②AI の予測に影響を与えた因子（病名・検査数値等）の表示、③類似案件の抽出の 3 つである。

イ適　切。SMBC 日興証券と HEROZ は、ともに開発した日本初の AI を活用した個人向け株式提案サービス「AI 株式ポートフォリオ診断」を、顧客向けに提供を開始した。このサービスは、現代ポートフォリオ理論に基づく効率的な複数銘柄での運用を、HEROZ の持つ最新 AI の技術を活用・実用化することで、インターネットを通じて、顧客に資産運用を幅広く利用してもらうという顧客本位の業務運営を具現化するサービスとして開発した。

ウ不適切。SBI 証券は、NEC と共同で、国内で初めて**インサイダー取引**の審査業務に AI を導入し、2020 年度から実証を行い、判定理由を明示した上で高精度に**インサイダー取引**の疑い度合いのスコアリングを実現した。具体的には、SBI 証券が保有する数年分の**インサイダー取引**に関する取引データや重要事実データ等を学習した AI モデルを生成し、**インサイダー取引**の疑い度合いをスコアリングする。

エ適　切。記述の通り。大阪シティ信用金庫では、このシステムを渉外活動において利用し、顧客一人ひとりに最適な商品を、最適なタイミングで提案できるようになるとしている。

解答　ウ

６．物流

問題 61. 物流事業における AI の活用事例に関する記述として、<u>下線部が適切</u>なものを以下のア・イのうち１つ選びなさい。

ア．沖電気工業株式会社（OKI）は、物流関連事業を展開する株式会社ロンコ・ジャパンの協力を得て、物流分野における<u>配送業務量を予測する AI 技術システム</u>を実証実験により確認した。

イ．アルフレッサ株式会社とヤマト運輸株式会社は、2020 年に「ヘルスケア商品」の共同配送スキームの構築に向けた業務提携を行い（提携時はヤマトロジスティクス株式会社）、業務提携の第一弾として、ビッグデータと AI を活用した、<u>適正配車を行うシステム</u>を開発した。

解説　物流

ア不適切。沖電気工業株式会社（OKI）は、物流関連事業を展開する株式会社ロンコ・ジャパンの協力を得て、実証実験により確認したのは、<u>ルート配送の効率化に対する OKI の AI 技術の有効性</u>である。なお、配送業務量を予測する AI 技術システムは、アルフレッサ株式会社とヤマト運輸株式会社が、2020 年に「ヘルスケア商品」の共同配送スキームの構築に向けた業務提携を行い（提携時はヤマトロジスティクス株式会社）、業務提携の第一弾として、ビッグデータと AI を活用したシステムである。

イ適　切。記述の通り。ヤマト運輸が蓄積してきた物流や配車に関するノウハウに加え、渋滞などの道路情報を活用することで、効率的かつ安定的な配車計画を作成することができる。

解答　イ

問題62. 物流分野におけるAIの活用事例に関する次の文章中の（　　）に入る、より適切な語句を以下のア・イのうち１つ選びなさい。

> 物流センター内の出荷作業に用いられる、富士通株式会社のクラウドサービス「Picking Optimizer」には、マルチオーダー組合せ最適化アルゴリズムと（　　）アルゴリズムの２つのAIアルゴリズムを用いた最適化エンジンが搭載されている。

ア．在庫最適化

イ．作業順序最適化

|解説　物流|

「Picking Optimizer」のマルチオーダー組合せ最適化アルゴリズムは、同一商品をまとめてピッキング可能とし、作業者がピッキングの際に立ち寄る場所や回数を最小限にする。作業順序最適化アルゴリズムは、ピッキング作業順序を制御することで物流センター内の集中（渋滞）を回避する。

> 物流センター内の出荷作業に用いられる、富士通株式会社のクラウドサービス「Picking Optimizer」には、マルチオーダー組合せ最適化アルゴリズムと**作業順序最適化**アルゴリズムの２つのAIアルゴリズムを用いた最適化エンジンが搭載されている。

解答　イ

問題 63. 物流における AI の活用事例に関する以下のアからエまでの記述のうち、下線部が適切ではないものを１つ選びなさい。

ア．スタークス株式会社は、<u>物流倉庫そのものをクラウド化する</u>プラットフォーム「クラウドロジ®」の提供を開始し、物流業界全体の課題解決を目指す。

イ．NEDO（国立研究開発法人新エネルギー・産業技術総合開発機構）と、国立大学法人東京大学、イームズロボティクス株式会社、株式会社日立システムズは、佐川急便株式会社の協力を得て、必要となる AI 技術の３つのフェーズのうち、フェーズ I の<u>緊急着陸 AI</u> を搭載したドローンを用いて荷物配送などを行う実証実験を実施した。

ウ．佐川急便株式会社は、株式会社オプティマインドが展開する、配送情報を入力することで<u>ルートを最適化する</u>サービス「Loogia（ルージア）」を導入した。

エ．ソニーセミコンダクタソリューションズ株式会社と日本電気株式会社は、<u>倉庫の空き棚スペース</u>をエッジ AI により可視化し、荷物の入出荷に関するデータを掛け合わせることで、最適な入庫スペースを作業員にリコメンドするエッジ AI センシングソリューションの実証実験を開始した。

解説　物流

ア適　切。スタークス株式会社が提供を開始した発送代行サービス「クラウドロジ®」は、物流倉庫そのものをクラウド化するクラウド型の物流プラットフォームサービスである。

イ不適切。NEDO が推進する「人工知能技術の社会実装に関する研究開発／サイバー・フィジカル研究拠点間連携による革新的ドローン AI 技術の研究開発プロジェクト」では、必要となる AI 技術を以下の３つのフェーズに分けている。

フェーズ I：人・車両など物体を認識する機能により安全を確保する「自律運航 AI 技術」

フェーズ II：機器故障に起因する異常を検知・判断する「故障診断 AI 技術」

フェーズ III：機器故障時に環境認識により無人地帯を選択して安全に着陸する「緊急着陸 AI 技術」

同事業で物流分野での実証実験を担当する NEDO、東京大学、イームズロボティクスは佐川急便の協力を得て、フェーズ I の自律運航 AI 技術開発の一環で、**自律運航 AI** を搭載したドローンを用いて荷物配送などを行う実証実験を実施した。

ウ適　切。株式会社オプティマインドが展開し、佐川急便株式会社で導入された「Loogia（ルージア）」は、配送情報を入力すると最適なルートを計算し、また、実走データを GPS 等から取り込むことで、より精度の高いルートの算出が可能になるルート最適化クラウドサービスである。

エ適　切。ソニーセミコンダクタソリューションズ株式会社と日本電気株式会社は、倉庫の空き棚スペースをエッジ AI により可視化し、荷物の入出荷に関するデータを掛け合わせることで、作業時間の短縮につながる最適な入庫スペースを作業員にリコメンドするソリューションを開発している。

解答　イ

7．流通

問題64. 流通分野におけるAIの活用事例に関する記述として、<u>下線部が適切なも</u>のを以下のア・イのうち１つ選びなさい。

ア．養老乃瀧株式会社は、株式会社チャオが開発した、入店客の姿をカメラが速やかに捉え、読み込んだ画像を基に、<u>AIが客の注文品目を推定する</u>クラウドカメラ「Ciao Camera（チャオカメラ）」を、「一軒め酒場」新橋店に実験導入した。

イ．株式会社アドバンスト・メディアは、株式会社銀座コージーコーナーの物流センターに、音声認識を活用した<u>仕分システム</u>をリニューアル導入して効果を上げた。

解説　流通

ア不適切。正しくは、「AIが自動で客の年齢を推定する。」である。人の目よりも確実なAIカメラの導入によって未成年者を認識し、該当者への酒類の提供を未然に防ぐことを目指し、今後も未成年者への飲酒防止対策を積極的に行うとしている。

イ適　切。銀座コージーコーナーの物流センターに採用された「仕分けシステム」は、音声認識を活用することで、ハンズフリー・アイズフリーを実現し、従来使用していたハンディーターミナルのタッチパネル形式と比較して、高い導入効果を得ることができた。

解答　イ

問題 65. 流通事業における AI の活用事例に関する記述として、<u>下線部が適切</u>
<u>な</u>ものを以下のア・イのうち 1 つ選びなさい。

ア. イオンリテール株式会社が店舗で展開する「AI ワーク」は、一人ひとりの
勤務パターンをシステムに入力してモデルを作成し、<u>実際の勤務希望と月</u>
<u>間労働時間</u>を基に、AI が自動で適切な勤務計画を起案するシステムであ
る。

イ. 株式会社ワークマンが活用する発注業務の自動化システムは、株式会社日
立製作所の自動発注サービスに、在庫回転率に応じて、<u>在庫回転率が低い</u>
<u>品目に対応する「AI 需要予測型」</u>と、在庫回転率が高い品目に対応する「<u>自</u>
<u>動補充型</u>」のアルゴリズムを動的に切り替えるという機能を新たに追加し
たものである。

解説　流通

ア適　切。イオンリテール株式会社が、「イオン」「イオンスタイル」約 350 店舗
　　　で展開する「AI ワーク」は、一人ひとりの勤務パターンをシステムに
　　　入力してモデルを作成し、実際の勤務希望と月間労働時間を基に、AI
　　　が自動で適切な勤務計画を起案するシステムである。

イ不適切。記述が逆である。株式会社ワークマンが活用する、発注業務の自動化
　　　システムは、株式会社日立製作所の自動発注サービスに、ワークマ
　　　ンの商品特性を考慮し、在庫回転率の低い定番商品に対応する自動
　　　補充型のアルゴリズムを組み合わせるとともに、<u>在庫回転率に応じ</u>
　　　<u>て、在庫回転率が低い品目に対応する「自動補充型」</u>と、<u>在庫回転率</u>
　　　<u>が高い品目に対応する「AI 需要予測型」</u>のアルゴリズムを動的に切
　　　り替えるという機能を新たに追加したものである。

解答　ア

問題66. 流通分野におけるAIの活用事例に関する記述として、<u>下線部が適切な</u>ものを以下のア・イのうち1つ選びなさい。

ア．アサヒグループホールディングス株式会社は、株式会社PKSHA Technologyの「PKSHA Retail Intelligence」を導入して、個店の売場に合わせた棚割り生成工程を自動化することにより、棚割り業務に費やす時間を<u>約65%</u>削減させる。

イ．旭食品株式会社はコンビニエンスストアへ商品を出荷する全国の物流拠点における、株式会社日立製作所と共同開発した需要予測型自動発注システム導入後の効果として、従来、複数の熟練担当者が1人・1日あたり約4時間を要していた発注内容を判断するための調査やチェックなどの業務を<u>約2時間</u>に削減させた。

解説　流通

ア適　切。従来、棚割り生成工程は、例えば100店舗を運営する流通企業の場合、個店の売場面積にあった棚割りを100通り生成する必要があるため、棚割り業務の中で最も時間を要する工程であったが、アサヒグループホールディングスは、個店の売場の陳列棚に合わせた棚割りの生成工程を「PKSHA」のシステムを導入することで自動化し、棚割り業務に費やす時間を約65%削減する。

イ不適切。旭食品株式会社はコンビニエンスストアへ商品を出荷する全国の物流拠点において、600アイテムに関する発注・在庫管理業務を行っており、需要予測型自動発注システム導入後の効果として、従来、複数の熟練担当者が1人・1日あたり約4時間を要していた発注内容を判断するための調査やチェックなどの業務を約<u>30分</u>に削減させた。

解答　ア

問題 67. 流通分野における AI の活用事例に関する以下のアからエまでの記述のうち、下線部が適切ではないものを１つ選びなさい。

ア．株式会社大丸松坂屋百貨店は、株式会社NTTドコモと<u>AI顔認証ソフトウェアによるデータ分析</u>の実証実験を2022年１月に開始し、顧客の動向を分析することで、店舗レイアウトや店舗運営の改善による顧客満足度の向上を図るとしている。

イ．株式会社 ZOZO が運営するファッション通販サイト「ZOZOTOWN」では、AIを活用し、各商品画面からユーザーが<u>閲覧する商品に似合う商品を検索することができる「おすすめコーディネイト検索機能」</u>を提供している。

ウ．株式会社ファミリーマートが、Telexistence株式会社から導入したAIロボット「TX SCARA」は、店舗従業員への作業負荷の大きい<u>飲料補充業務</u>を24時間行い、これまで人間が行っていた単純かつ身体的負荷の高い労働を軽減することで労働環境の向上を目指している。

エ．スーパーマーケット「TRIAL」を展開する株式会社トライアルカンパニーの <u>24 時間顔認証決済</u>では、セルフレジ決済が可能となり、顔認証時の年齢確認が不要のため、夜間での酒類の購入が可能になる。

解説　流通

ア適　切。株式会社大丸松坂屋百貨店は、株式会社 NTT ドコモと AI 顔認証ソフトウェアによるデータ分析の実証実験を 2022 年 1 月 12 日に開始した。この実証実験を通じて、大丸松坂屋百貨店初のショールーミングスペース「明日見世（asumise）」を利用する顧客の動向を分析することで、店舗レイアウトや店舗運営の改善による顧客満足度の向上を図るとともに、出店ブランドへのフィードバック情報のさらなる向上を目指すことができるとしている。

イ不適切。ファッション通販サイト「ZOZOTOWN」では、AI を活用し、各商品画面からユーザーが**閲覧する商品と似ている商品を検索することができる、「類似アイテム検索機能」**を提供している。ファッションアイテムは、色やキーワードなどの検索だけでは、イメージする商品にたどり着けないことがあるため、本機能によりニーズに合う商品を提示して購入に結びつけることができる。

ウ適　切。記述の通り。ロボット・AI 技術の活用により、店舗人員を増やすことなく、店舗の労働環境や売場のさらなる質の向上、店舗の採算性の改善が可能となるという。

エ適　切。トライアルカンパニーが、TRIAL GO 日佐店に一般導入した 24 時間顔認証決済では、セルフレジ決済が可能となり、顔認証時の年齢確認が不要のため、夜間での酒類の購入が可能になる。TRIAL GO 日佐店では顔登録カメラを 2 台、顔認証カメラを 8 台導入し、18 歳以上の顧客があらかじめ店頭で登録していれば誰でも利用が可能となる。

解答　イ

問題68.　株式会社ファミリーマートにおけるAIの活用に関する次の文章中の（　　　）に入る語句の組合せとして最も<u>適切</u>なものを、以下のアからエまでのうち1つ選びなさい。

> 　ファミリーマートが、Telexistence株式会社から導入したAIロボット「TX SCARA」は、（　a　）業務を24時間行い、これまで人間が行っていた労働を軽減することで労働環境の向上を目指している。
> 　また、クーガー株式会社がファミリーマートに提供した人型AI「レイチェル」は、（　b　）の特性や性格などに合わせた音声コミュニケーションを行うことが可能である。

ア．a．飲料補充　　　　b．来店客

イ．a．飲料補充　　　　b．店長

ウ．a．レジ応対　　　　b．来店客

エ．a．レジ応対　　　　b．店長

解説　流通

　株式会社ファミリーマートが、Telexistence株式会社から導入したAIロボット「TX SCARA」は、店舗従業員への作業負荷の大きい飲料補充業務を24時間行い、これまで人間が行っていた単純かつ身体的負荷の高い労働を軽減することで労働環境の向上を目指している。

　クーガー株式会社がファミリーマートに提供した人型AI「レイチェル」は、顧客のためのサービスではなく、ファミリーマート店長のためのものである。店長の特性や性格などに合わせた音声コミュニケーションを行うことにより、店舗運営に必要な情報や発注のアドバイス、売場作りのポイントなど、店長が必要とする最適な情報を即座に提供して、多岐にわたる店長業務をサポートする。

> 　ファミリーマートが、Telexistence株式会社から導入したAIロボット「TX SCARA」は、飲料補充業務を24時間行い、これまで人間が行っていた労働を軽減することで労働環境の向上を目指している。
>
> 　また、クーガー株式会社がファミリーマートに提供した人型AI「レイチェル」は、店長の特性や性格などに合わせた音声コミュニケーションを行うことが可能である。

解答　イ

8．教育・人材

問題 69. 教育・人材における AI の活用事例に関する記述として、<u>下線部が適切</u>
<u>な</u>ものを以下のア・イのうち 1 つ選びなさい。

ア．大日本印刷株式会社と AI inside 株式会社は、AI inside 株式会社が開発し
た、<u>プログラミング等の知識をもたない人でも AI モデルを開発することが</u>
<u>できる</u>「Learning Center」を用いた AI 活用支援サービスの提供を開始した。

イ．株式会社イーオンと株式会社 KDDI 総合研究所は、AI を用いた<u>日本語会</u>
<u>話スキルの評価システム「外国人向け発音自動評価システム」</u>を共同開発
した。

解説　教育・人材

ア適　切。大日本印刷株式会社と AI inside 株式会社は、AI inside が開発し
た、専門知識の必要なく、ノーコード（プログラミング等の知識を
必要としない）で AI モデルを開発することができる「Learning
Center」を用いた AI 活用支援サービスを 2021 年 4 月に提供開始
した。

イ不適切。株式会社イーオンと株式会社 KDDI 総合研究所が共同開発したの
は、AI を用いた**英会話スキルの評価システム「日本人英語話者向け**
発音自動評価システム」である。

解答　ア

問題 70.　教育・人材分野における AI の活用事例に関する記述として、<u>下線部が適切なもの</u>を以下のア・イのうち 1 つ選びなさい。

ア．株式会社ベネッセコーポレーションの小学校向け英語パフォーマンステスト「スピーキングクエスト」は、<u>ネイティブの欧米人の英語発話データ</u>を用いて独自開発した AI で、児童個別の回答を即時判定し、新学習指導要領が定める評価項目ごとに採点・評価までを自動で行うことができる。

イ．株式会社トライグループと、ギリア株式会社が共同で開発する「診断型」AI 教育サービスは、学力を網羅的に測定することで全体像を把握し、生徒一人ひとりの弱点を総括して診断する解析手法を用いる。

解説　教育・人材

ア不適切。株式会社ベネッセコーポレーションの小学校向け英語パフォーマンステスト「スピーキングクエスト」は、<u>小学生の英語発話データ</u>を用いて独自開発した AI で、児童個別の回答を即時判定し、新学習指導要領が定める評価項目ごとに採点・評価までを自動で行うことができる。

イ適　切。「診断型」AI 教育サービスでは、つまずきを個別に捉えるのではなく、学力を網羅的に測定することで全体像を把握し、生徒一人ひとりの弱点を総括して診断する解析手法を用いることで、従来と比較して約 1 ／10 の時間で正確な学力把握が可能になったとしている。

解答　イ

問題 71. 株式会社ベネッセコーポレーションの小学校向け英語パフォーマンステストに関する以下のアからエまでの記述のうち、<u>下線部が適切ではない</u>ものを1つ選びなさい。

ア．ベネッセコーポレーションの小学校向け英語パフォーマンステスト「スピーキングクエスト」は、AI を活用し、<u>出題から採点・評価まで</u>を自動で行うことができるサービスである。

イ．「スピーキングクエスト」の AI は、<u>ネイティブの欧米人の会話音声データ</u>を学習済みで、児童個別の回答を即時判定し、新学習指導要領が定める評価項目ごとに採点・評価までを自動で行うことができる。

ウ．「スピーキングクエスト」では、授業内だけではなく、<u>端末の持ち帰り</u>を想定した英語学習を行うことができる。

エ．「スピーキングクエスト」は、2020 年度より<u>小学校5・6年生の外国語の教科化</u>が始まり、「話すこと」の評価が学校現場に求められるようになったことによる教員の負担の解消に資することが期待される。

解説　教育・人材

ア適　切。「スピーキングクエスト」は、学校の ICT 端末を活用する小学 5・6 年生向けの英語パフォーマンステストで、学校での負担が大きい英語の「話すこと」のテストを、実施から採点・評価までサポートする。

イ不適切。「スピーキングクエスト」の AI は、**全国の児童の英語回答音声データ**を学習済みで、児童個別の回答を即時判定し、新学習指導要領が定める評価項目ごとに採点・評価までを自動で行うことができる。

ウ適　切。記述の通り。「スピーキングクエスト」導入により、教員の働き方改革と、児童一人ひとりの能力や必要に応じた英語教育のサポートを実現するとしている。

エ適　切。2020 年度より小学校 5・6 年生の外国語の教科化が始まり、「話すこと」の評価が学校現場に求められるようになった。しかし、教員にとっては「テスト準備と採点の教員負担が大きい」「英語 4 技能をバランスよく指導・評価するノウハウが足りない」などの課題が生まれている。この学校現場の課題解決に向けて、同サービスは開発された。

解答　イ

9．エンターテインメント

問題 72. マンガ関連の AI 技術に関する記述として、<u>下線部が適切な</u>ものを以下のア・イのうち1つ選びなさい。

ア．株式会社セルシスの「CLIP STUDIO READER LAB」では、AI を活用したマンガのページ内の<u>コマを検出する技術</u>と、キャラクターの顔を検出する技術を体験することができる。

イ．Mantra 株式会社の「Mantra Engine」はマンガの高速な多言語展開を可能にする<u>視聴者向けオンプレミス型サービス</u>であり、マンガの翻訳版制作に関わるほぼすべての作業をブラウザ上で可能にすることにより、簡便な操作性と、関係者全員で進捗を共有できる利便性を実現した。

解説　エンターテインメント

ア適　切。株式会社セルシスは、AI を活用したマンガのページ内のコマを検出する技術と、キャラクターの顔を検出する技術を体験できる「CLIP STUDIO READER LAB」を公開した。「コマ検出」とは、ページに描かれたマンガを効果的に表現する手法として、縦スクロール表示に最適な、コマごとに分割された作品を縦に並べて表示するためのデータを効率的に作成するために、マンガのページ内のコマを検出することである。

イ不適切。Mantra 株式会社の「Mantra Engine」はマンガの高速な多言語展開を可能にする**法人向けクラウドサービス**であり、マンガの翻訳版制作に関わるほぼすべての作業をブラウザ上で可能にすることにより、簡便な操作性と、関係者全員で進捗を共有できる利便性を実現した。

解答　ア

問題73. デジタルコンテンツにおけるAIの活用事例に関する記述として、<u>下線部が適切な</u>ものを以下のア・イのうち1つ選びなさい。

ア．株式会社Gunosyが運営する、海外ニュース記事紹介サービス「NewsPresso（ニュースプレッソ）」β版では、日々の海外ニュースがユーザーへマッチングすることを目指し、1記事につき<u>3行程度の日本語の要約文章</u>を掲載している。

イ．アメリカ・IBMとマスターズ・トーナメントが、マスターズ公式アプリおよびMasters.comのデジタル・エクスペリエンスの一部として発表した新機能の一つに、<u>ラウンドごと</u>の選手の試合予測の導入がある。

解説　エンターテインメント

ア適　切。NewsPressoは、英語を原文とする日々の海外ニュースがユーザーへマッチングすることを目指し、1記事につき3行程度の日本語の要約文章を掲載する。

イ不適切。マスターズ公式アプリおよびMasters.comのデジタル・エクスペリエンスの一部として発表した新機能は①ユーザーがお気に入りの選手全員の全ショットを全ホールで見ることができる「MyGroup」機能における、2万以上のビデオ・クリップを学習したAIによって生成された詳細な解説のナレーションの提供と②**ホールごと**の選手の試合予測の導入である。

解答　ア

問題 74.　放送、芸能等における AI の活用事例に関する以下のアからエまでの記述のうち、<u>下線部が適切ではないもの</u>を 1 つ選びなさい。

ア．日本テレビ放送網株式会社の「BlurOn（ブラーオン）」は、映像内の<u>人物の顔やナンバープレートなどへのモザイク入れ</u>を自動化するソフトウェアである。

イ．株式会社テレビ朝日の「<u>AI-OCR</u> によるリアルタイム日本語変換システム」では、海外スポーツ中継などの生放送において、選手名のテロップを「英語表記」から「日本語表記」へ自動で素早く正確に置き換えることができる。

ウ．株式会社SKIYAKIの「bitfan analysis」は、SKIYAKIのサービス「bitfan」において集積された<u>ファンの行動履歴</u>のデータに対し、TDSE株式会社（2021年12月社名変更）が開発したAIエンジン「scorobo®」による高度な分析を行うことで、ファンに対する効果的なデータマーケティングを可能にするサービスである。

エ．株式会社電通とデータアーティスト株式会社の、AIを活用して「120日先」の長期テレビ視聴率を予測する「SHAREST_LT」は、広告業界で初めて過去視聴率データの分析に<u>順伝播型ニューラルネットワーク</u>を用いている。

解説　エンターテインメント

ア適　切。「BlurOn（ブラーオン）」は、映像内の人物の顔やナンバープレート
　　　　などへのモザイク入れを自動化するソフトウェアで、編集現場の働
　　　　き方改革、業務効率化および生産性の向上に資するとされている。

イ適　切。テレビ朝日では、海外スポーツ中継などの選手名のテロップを OCR
　　　　技術（映像内の文字を読み取り、データ化する技術）を用い、映像
　　　　内の瞬時な自動日本語変換を実現している。

ウ適　切。「bitfan analysis」は、集積されたファンの行動履歴のデータに対し、
　　　　TDSE の高度なデータ分析技術と同社が独自に開発した人工知能エ
　　　　ンジン「scorobo®」による高度な分析を行うことで、ファンに対す
　　　　る効果的なデータマーケティングが可能になる新しいサービスで
　　　　ある。

エ不適切。「SHAREST_LT」では、広告業界で初めて過去視聴率データの分析
　　　　に**再帰型ニューラルネットワーク**（Recurrent Neural Network）を
　　　　用いることで、120 日先の長期（LT：Long-term）視聴率も高精度
　　　　で予測できるようになった。「再帰型ニューラルネットワーク」とは、
　　　　ディープラーニングをはじめとする機械学習のうち、多層ニューラ
　　　　ルネットワークの一部に再帰的な手続き（ある層の出力を別の層の
　　　　入力として利用する再帰的構造）を導入したものである。

解答　エ

10. スポーツ

問題 75. 日本野球機構（NPB）が運用する「NPB BIP」に関する記述として、
下線部が適切なものを以下のア・イのうち１つ選びなさい。

ア．「NPB BIP」は、NPB が提供するプロ野球に関わるデータを集約した<u>個人</u>
<u>向け</u>のプラットフォームである。

イ．各球団が所有する写真を<u>一元管理</u>する「NPB CIC」においては、手作業で
膨大な時間がかかっていた作業を「NPB BIP」が提供する情報を活用し、
写真を AI に自動判別させることで作業時間の大幅な短縮を実現した。

解説　スポーツ

ア不適切。「NPB BIP」は、NPB が提供するプロ野球に関わるデータを集約した**企業・研究機関向け**のプラットフォームで、25 年以上におよぶプロ野球の記録、成績データをさまざまな切り口で簡易に取得し、加工・保存することができる。日本野球機構のサイトには以下のような記述がある。

　以下の条件・利用目的に当てはまる方は、どなたでもご利用いただけます。

　＜利用対象者＞
・プロ野球データのサービスを開発したい企業
・プロ野球データのデータを分析したい企業
・大学もしくは公的・民間研究機関
・BIP を利用したプログラミング教育を検討している教育機関
＜利用目的＞
・サービス開発・分析開発（試用提供期間含む）
・研究用
・教育用
　※商業目的での利用は別途審査と商業利用契約が必要です。

イ適　切。各球団が所有する写真を一元管理する NPB CIC（Contents Images Center）においては、手作業で膨大な時間がかかっていた作業を「NPB BIP」が提供する試合情報データ、選手情報、時刻などの情報を活用し、写真の画像判定とともに、AI に自動判別させることで作業時間の大幅な短縮を実現した。

解答　イ

問題 76. スポーツ支援サービスにおける AI の活用事例に関する記述として、<u>下線部が適切な</u>ものを以下のア・イのうち 1 つ選びなさい。

　ア．ソフトバンク株式会社の「AI スマートコーチ」は、学ぶ・比較する・記録する機能を有し、<u>骨格推定 AI</u> やマーカー機能によるフォームのチェック・改善など、スポーツ技術の向上をサポートしている。

　イ．ソフトバンク株式会社の「AI スマートコーチ」は、提供開始時において<u>室内で行われるすべての競技</u>に対応し、選手と監督・コーチがクラウド上で情報を保存したり、共有することができる。

解説　スポーツ

　ア適　切。記述の通り。例えば、「AI スマートコーチ」では、撮影した自分のフォームとお手本動画を骨格推定 AI 技術を用いて比較することができ、気づきなどをメモで記録することが可能である。

　イ不適切。「AI スマートコーチ」は、**野球、バスケットボール、ダンス、サッカーの 4 種目**に対応（提供開始時）し、選手と監督・コーチがクラウド上で情報を保存したり、共有することが特徴的である。

解答　ア

問題 77. スポーツにおける AI の活用事例に関する以下のアからエまでの記述のうち、<u>下線部が適切ではないもの</u>を１つ選びなさい。

ア．オンキヨー株式会社は、至学館大学と産学連携に関する協定書を締結し、国内外のトップ選手から、一般アスリート、フィットネスを楽しみたい人までスポーツに係る幅広い層に活用可能な <u>AI 搭載食事トレーニングアプリ</u>の事業化をはじめとする各種共同研究を開始した。

イ．スポーツデータビジネスを推進するデータスタジアム株式会社とスポーツテクノロジーの研究・新規事業開発を行う株式会社 Sports Technology Lab は、株式会社 Preferred Networks と<u>あらゆる球技スポーツに対応した</u>戦術・分析支援アナリティクスツールを共同開発した。

ウ．データスタジアム株式会社と株式会社ユニゾンシステムズは、<u>試合のハイライトシーン</u>を自動的にレコメンドし、生成するソリューション「Sports AI Editor」を共同開発した。

エ．テンソル・コンサルティング株式会社がリリースしたスイング診断システム「TensorGolf」では、スマートフォンやタブレットで撮影したスイング動画を画像系 AI 技術により解析し、ゴルファーのスイングタイプに<u>フィットしたクラブを選ぶことができる。</u>

| 解説　スポーツ |

ア適　切。オンキヨー株式会社は、至学館大学と産学連携に関する協定書を締結し、事業化した AI 搭載食事トレーニングアプリ「food coach」は、搭載 AI が食事内容等を総合的に判断し、栄養素の過不足を点数とグラフで表示するほか、将来の予測等の的確な各種アドバイスを定期的に通知するサービスである。

イ不適切。データスタジアム株式会社と株式会社 Sports Technology Lab は、株式会社 Preferred Networks と**サッカーに特化した**戦術・分析支援アナリティクスツール「PitchBrain（ピッチ・ブレイン）」を共同開発し、膨大なサッカーデータにディープラーニング技術を適用することで、オフ・ザ・ボールの分析や膨大な時間を要する試合映像分析の省力化を可能にした。

ウ適　切。データスタジアム株式会社と株式会社ユニゾンシステムズが共同開発した「Sports AI Editor」は、試合中にスタッツ情報を入力し、AI による試合データと機械学習を利用して、ハイライトシーンを自動的にレコメンドし、ハイライト映像を作ることができる。

エ適　切。テンソル・コンサルティング株式会社がリリースしたスイング診断システム「TensorGolf」では、スマートフォンやタブレットで撮影したスイング動画を画像系 AI 技術により解析し、ゴルファーのスイングタイプにフィットしたクラブを選ぶことができる。

| 解答　イ |

11. スマートライフ

問題 78. 三菱電機株式会社が 2018 年に発売を開始したルームエアコンに関する
記述として、<u>下線部が適切な</u>ものを以下のア・イのうち 1 つ選びなさい。

ア. 新商品は、AI 技術を搭載した赤外線センサー「ムーブアイ mirA.I.（ミラ
イ）」の「おまかせ A.I.自動」機能により、住宅によって異なる<u>「顕熱（温
度）負荷」、「潜熱（湿度）負荷」</u>まで分析し、少し先の温度と湿度の変化
を予測する。

イ. 開発の背景には、年々増加する高気密・高断熱住宅では、住宅性能の向上
に伴い<u>「室内の湿度はすぐに低下するが、温度は低下し難い」</u>という課題
があった。

解説 スマートライフ

ア適 切。ルームエアコン「霧ヶ峰」の新商品は、AI技術を搭載した赤外線
センサー「ムーブアイmirA.I.」の「おまかせA.I.自動」機能によ
り、「温度」変化の先読みに加えて、住宅によって異なる「顕熱（温
度）負荷」、「潜熱（湿度）負荷」まで分析し、少し先の温度と湿
度の変化を予測するものとしている。

イ不適切。記述が逆である。開発に当たっては、年々増加する高気密・高断熱
住宅では、住宅性能の向上に伴い「室内の<u>温度</u>はすぐに低下するが、
<u>湿度</u>は低下し難い」という課題があることから、「温度と湿度のバラ
ンス」が着目された。

解答 ア

問題79. スマートライフのAI活用事例に関する次の文章中の（　　）に入る語句
の組合せとして、適切なものを以下のア・イのうち１つ選びなさい。

株式会社富士通ゼネラルのエアコン「nocria（ノクリア）」Xシリー
ズは、（　a　）と（　b　）の２つのAIを使用する「ダブルAI」
が特長である。従来、（a）はデータの収集のみを行い、そのデータ
が転送された（b）が、過去のユーザー操作履歴を用いて、機械学習
モデルを作成していた。新しいXシリーズの（a）は、データ収集に
加え、（b）と連携して学習も行う。

ア．a．エッジAI　　　　　　b．クラウドAI
イ．a．クラウドAI　　　　　b．エッジAI

解説　スマートライフ

　株式会社富士通ゼネラルのエアコン「nocria（ノクリア）」Xシリーズに搭
載のエッジAIは、データ収集に加え、クラウド上のAIと連携して学習も行う。

株式会社富士通ゼネラルのエアコン「nocria（ノクリア）」Xシリー
ズは、**エッジAI**と**クラウドAI**の２つのAIを使用する「ダブルAI」
が特長である。従来、**エッジAI**はデータの収集のみを行い、その
データが転送された**クラウドAI**が、過去のユーザー操作履歴を用い
て、機械学習モデルを作成していた。新しいXシリーズの**エッジAI**
は、データ収集に加え、**クラウドAI**と連携して学習も行う。

解答　ア

問題 80. スマートライフにおける AI の活用事例に関する以下のアからエまでの記述のうち、<u>下線部が適切ではないもの</u>を 1 つ選びなさい。

ア. 株式会社ファーストアセントは、乳児の<u>泣き声解析機能</u>を育児記録アプリ「パパっと育児＠赤ちゃん手帳」と連携し、睡眠の見える化を可能とした、世界初の睡眠指導スマートベッドライト「ainenne」（あいねんね）を開発した。

イ. シャープ株式会社は、Wi-Fi に接続することで、<u>スマートフォン専用アプリ</u>で音声アシスタント機能を使用できるウェアラブル AI スピーカー「AQUOS サウンドパートナー」を発売した。

ウ. 電気興業株式会社は、国土交通省国土政策局が発注する「令和 4 年度スマートアイランド推進実証調査」において、<u>サーマルカメラ</u>と AI 検知システムによる沿岸監視の実証を開始した。

エ. 積水ハウス株式会社と日本電気株式会社（NEC）は、積水ハウスの分譲マンション「グランドメゾン溝の口の杜」で、NEC の<u>顔認証システム</u>を活用したエントランス及び玄関ドアの解錠や共用施設の予約、サービス事業者との協業によるサービス提供を行う。

解説　スマートライフ

ア適　切。株式会社ファーストアセントは、乳児の起床就寝のリズム形成を助けるために、乳児の泣き声解析機能を育児記録アプリ「パパっと育児＠赤ちゃん手帳」と連携し、睡眠の見える化を可能とした、世界初の睡眠指導スマートベッドライト「ainenne」（あいねんね）を開発した。AIで乳児の泣き声から感情を分析する「泣き声診断アルゴリズム」は、乳児が泣いている時に「ainenne」のボタンを押すことで、泣き声を解析することができるものである。

イ不適切。シャープ株式会社は、Wi-Fi に接続することで、**手元にスマートフォンなどがなくても**音声アシスタント機能を使用できるウェアラブルAI スピーカー「AQUOS サウンドパートナー」を発売した。Bluetooth接続により、テレビの音を耳元で聞いたり、スマートフォンの音楽を楽しんだりすることも可能である。

ウ適　切。電気興業株式会社は、「令和4年度スマートアイランド推進実証調査」においてサーマルカメラ（熱検知カメラ）と AI 検知システムによる沿岸監視、火災監視の実証を開始した。実証期間中に沿岸の不審船と火災を 24 時間 AI 監視できるサーマルカメラの効果を検証する。

エ適　切。積水ハウス株式会社と日本電気株式会社（NEC）は、積水ハウスの分譲マンションで、NEC の顔認証システムを活用したエントランス及び玄関ドアの解錠や共用施設の予約、サービス事業者との協業によるサービス提供を行う。エントランス及び玄関ドアの解錠は、マスクを装着したまま非接触で可能となる。

解答　イ

12. 環境・エネルギー

問題 81. 環境・エネルギーにおける AI の活用事例に関する記述として、<u>下線部が適切な</u>ものを以下のア・イのうち1つ選びなさい。

ア. 株式会社 Ridge-i は、荏原環境プラント株式会社との共同開発で、「ごみ識別 AI」を搭載した<u>自動燃焼温度調整システム</u>の運用を開始し、ごみ焼却施設における排ガス性状やごみ発電の安定化のための燃焼の安定化を実現した。

イ. 東急建設株式会社と石坂産業株式会社は、建設副産物の中間処理プラントにおいて、ベルトコンベア上を連続搬送される建設混合廃棄物のカメラ画像と距離画像から<u>建設廃棄物の自動選別</u>を行うロボットを共同開発し、中間処理事業者が抱える就労者不足、廃棄物処理費の高騰という課題に対応した。

<hr>

解説　環境・エネルギー

ア不適切。株式会社 Ridge-i は、荏原環境プラント株式会社との共同開発で、「ごみ識別 AI」を搭載した**自動クレーンシステム**の運用を開始した。ごみ焼却施設においては、排ガス性状やごみ発電の安定化において燃焼の安定化は重要であるため、ピット内のごみ性状を均一化する撹拌や、特殊ごみ（大量に炉に投入すると機器や燃焼に悪影響の出るごみ）の退避等のクレーン操作を自動化し、人に依存する作業の低減を図った。

イ適　切。東急建設株式会社と石坂産業株式会社は、建設副産物の中間処理プラントにおいて、ベルトコンベア上を連続搬送される建設混合廃棄物のカメラ画像と距離画像から建設廃棄物の自動選別を行う「廃棄物選別ロボット」を共同開発し、この廃棄物選別ロボットは、既存の中間処理プラントの手選別ラインにも設置可能である。

解答　イ

問題 82. 清水建設株式会社のクリーン空調制御システムに関する以下のアからエ
までの記述のうち、<u>下線部が適切</u>ではないものを１つ選びなさい。

ア. 同社のクリーン空調制御システムは、クリーンルームの<u>空調負荷の低減</u>を目
的に、AI を活用して、室内に循環させる清浄空気の風量を最適化するもの
である。

イ. 同社のクリーン空調制御システムの制御機構は、クリーンルーム内に滞在す
る作業者を検知する画像型人感センサー、室内の粒子濃度を検知する<u>パー
ティクルセンサー</u>、センサーの検知データをもとにファンフィルターユニッ
トの出力調整を行う制御装置から構成される。

ウ. 同社のクリーン空調制御システムでは、AI が時々の室内環境データからエ
リア単位で<u>清浄度の過不足</u>を推定し、ファンフィルターユニットの運転出力
を状況に即してきめ細かく調整することで、空調負荷を抑制する。

エ. 同社のクリーン空調制御システムに用いられる AI の深層強化学習において
は、数値流体力学解析技術を活用して実運用が始まる前に訓練用データを作
成し、<u>現実空間</u>で事前学習を重ねられる学習環境が構築される。

解説　環境・エネルギー

ア適　切。記述の通り。クリーン空調制御システムは、センサーが捉えた室内環境の変化に応じて、AI がファンフィルターユニット（FFU）の運転出力をきめ細かく制御し、必要最小限のエネルギーで要求水準を満たす清浄環境を維持するシステムである。

イ適　切。制御機構は、クリーンルーム内に滞在する作業者を検知する画像型人感センサー、室内の粒子濃度を検知するパーティクルセンサー、センサーの検知データをもとに FFU の出力調整を行う制御装置から構成され、センサーが検知した在室者・粒子濃度データをもとに、ファンフィルターユニットの運転台数・運転出力を自動制御する。

ウ適　切。新たに開発した AI 空調制御システムでは、クリーン EYE の空調制御機構に深層強化学習機能を付加することで、エリア単位での最適な空調制御を実現している。具体的には、AI が時々の室内環境データからエリア単位（概ね1スパン単位）で清浄度の過不足を推定し、FFU の運転出力を状況に即してきめ細かく調整することで、空調負荷を抑制する。

エ不適切。AI の深層強化学習においては、CFD（数値流体力学）解析技術を活用して実運用が始まる前に訓練用データを作成し、**仮想空間上**で事前学習を重ねられる学習環境を構築した。これにより、通常は学習開始から収束まで半年程度を要する学習期間を2か月程度に短縮し、AI による空調制御機構の早期実装を可能にしている。

解答　エ

問題 83. 環境・エネルギーにおける AI の活用事例に関する以下のアからエまでの記述のうち、<u>下線部</u>が<u>適切</u>ではないものを1つ選びなさい。

ア．株式会社日立製作所は、発電用エンジンのシリンダー内の圧力に関する筒内圧データを利用し、<u>燃料の種別や混合状態</u>に応じたエンジン制御を行う AI 技術を開発した。

イ．伊藤忠エネクスホームライフ東北株式会社は、株式会社 Adansons ならびに、株式会社 MAKOTO キャピタルと共同で、LP ガス<u>需要予測</u>モデル・シミュレーターを構築した。

ウ．伊藤忠ケーブルシステム株式会社は、停電時に<u>特定のコンセントから使用できる「特定負荷型」</u>AI 搭載型次世代蓄電池「SMART STAR」の販売を開始した。

エ．画像認識エッジ AI を提供する株式会社フツパーは、制服管理サービスを提供する株式会社モビカとの技術開発において、業界特化の<u>リユース自動検品システム</u>「movika eye」を開発した。

解説　環境・エネルギー

ア適　切。株式会社日立製作所は、発電用エンジンのシリンダー内の圧力に関する筒内圧データを利用し、燃料の状態に即した点火タイミングや空気量などの指令値の調整方法の学習と、学習用の筒内圧などのデータ収集を自ら繰り返す自己学習により、燃料の種別や混合状態に応じたエンジン制御を行う AI 技術を開発した。

イ適　切。伊藤忠エネクスホームライフ東北株式会社は、株式会社 Adansons ならびに、株式会社 MAKOTO キャピタルと共同で、LP ガス需要予測モデル・シミュレーターを構築した。伊藤忠エネクスホームライフ東北株式会社全事業所のガス使用実績データとオープンデータ、株式会社 Adansons のもつデータ処理技術を基礎として予測モデルを作成し、このモデルに基づき使用量予測アルゴリズムを構築し、精度の検証を株式会社 MAKOTO キャピタルの支援のもと実施した。

ウ不適切。伊藤忠ケーブルシステム株式会社は、停電時に**家中どこでも使用できる「全負荷型」**AI 搭載型次世代蓄電池「SMART STAR」の販売を開始した。「SMART STAR」は、平均的な家庭の 1 日の消費電力をまかなえる定格容量 9.8kWh の容量を有する次世代蓄電システムで、蓄電池が空の状態でも、約 3 時間で満充電にすることができる。

エ適　切。画像認識エッジ AI を提供する株式会社フツパーは、制服管理サービスを提供する株式会社モビカとの技術開発において、画像認識 AI とベルトコンベアの自動搬送による、業界特化のリユース自動検品システム「movika eye」を開発した。これにより、汚れや破れが数値化されることによる「再利用できる制服の発掘」、人間の目視では難しい良品・不良品の判定を、AI の明確な基準に従って振り分け、自動搬送するプロセスの開発に成功した。

解答　ウ

13. 防犯・防災

問題 84. 防犯・防災における AI の活用事例に関する記述として、<u>下線部が適切</u>
<u>な</u>ものを以下のア・イのうち 1 つ選びなさい。

ア. mtes Neural Networks 株式会社は、電源とネットワーク工事が不要な太
陽光発電による完全自立型の AI 監視カメラ付き LED 屋外照明「AI マキ
ビシカメラ＆アルカス防犯・街路灯」を発売すると発表し、同等性能の防
犯・街路灯の設置費用に比べ、半分以下の予算での設置を可能にした。

イ. 株式会社 JX 通信社が提供する AI ビッグデータリスクセンサ
「FASTALERT（ファストアラート）」が SNS 上などで検知、蓄積したリ
スク情報データは、国土交通省の<u>メタバース</u>として構築された都市モデル
「Project PLATEAU（プラトー）」の実証実験に使用されている。

解説　防犯・防災

ア適　切。mtes Neural Networks 株式会社が発表した電源とネットワーク工
事が不要な太陽光発電による完全自立型の AI 監視カメラ付き LED
屋外照明「AI マキビシカメラ＆アルカス防犯・街路灯」は、クラウ
ド使用料金や LoRa 無線通信（省電力・長距離通信が可能な無線通
信方式）にかかる少額のランニングコストはこれまで同様に必要に
なるが、初期の設置で負担になっていた電源工事や有線によるネッ
トワーク工事が不要になった。

イ不適切。国土交通省の「Project PLATEAU」は、メタバースではなく、<u>デジ</u>
<u>タルツイン</u>の都市モデルである。株式会社 JX 通信社は、同社が提
供する AI ビッグデータリスクセンサ「FASTALERT（ファストア
ラート）」が SNS 上などで検知、蓄積した災害・事故・事件などの
リスク情報データを、国土交通省が提供する「Project PLATEAU（プ
ラトー）」の3D 都市モデル上で可視化する実証実験を開始した。こ
の実証実験を通じて、水害や震災など広域で被害が生じる大規模災
害を3D 都市モデルのデジタルツイン上に可視化し、被害をリアル
タイムに分析したり、被害を事前に予測するための技術を開発する。

解答　ア

問題 85. 防犯における AI の活用事例に関する記述として、<u>下線部が適切な</u>もの
を以下のア・イのうち 1 つ選びなさい。

ア．東日本電信電話株式会社（NTT 東日本）とアースアイズ株式会社の小売店
舗向け万引き防止 AI サービス「AI ガードマン」は、来店客の不審行動を
検知し、不審者が見つかると AI クラウドから、<u>店員がもつスマートフォ
ンの専用アプリ</u>に検知場所、静止画などの検知情報を通知する。

イ．株式会社アジラの施設向け AI 警備システム「アジラ」は、<u>あらかじめ準
備された一般的な人間の行動の動画</u>を自ら学習し、それらの行動から外れ
た通常とは異なる行動を「違和感行動」として検知する。

解説　防犯・防災

ア適　切。「AI ガードマン」は、不審行動を検知できる AI を搭載したカメラ
が、来店客の不審行動（うろうろ、きょろきょろなど）を逃さず検
知し、不審者が見つかると AI クラウドから、店員がもつスマート
フォンの専用アプリに検知情報（検知場所、静止画など）を通知す
る。通知を受けた店員が情報を確認し不審者に声がけすることで、
万引き防止に活用することができる。

イ不適切。「あらかじめ準備された一般的な人間の行動の動画」が誤りで、正し
くは「防犯カメラに映る人々の行動」である。「アジラ」の特徴とし
て、導入後数日間で防犯カメラに映る人々の行動を自ら学習し、そ
れらの行動から外れた通常とは異なる行動（同じ画角内でうろうろ
している、きょろきょろしているなど）を「違和感行動」として検
知するという点がある。これにより、事件や事故が発生する前の予
兆行動をも捉え通知することができるため、事故の予防にも寄与す
るとしている。

解答　ア

問題 86. 2021 年に行われた、東京海上ホールディングス株式会社と Robust Intelligence, Inc.との業務提携に関する記述として、<u>下線部が適切な</u>ものを以下のア・イのうち１つ選びなさい。

ア．業務提携による両社の研究・開発領域の一つに「AI セキュリティの普及・促進モデルの研究・開発」があるが、ここでいう「AI セキュリティ」とは、<u>AI に関するリスクから AI システム自体を守ること</u>である。

イ．業務提携による両社の研究・開発領域の一つに「AI セキュリティの普及・促進モデルの研究・開発」があるが、ここでいう「AI セキュリティ」とは、<u>AI を活用して、企業の情報システムをリスクから守ること</u>である。

解説　防犯・防災

　両社は、戦略的パートナーシップに基づき、企業や社会の新たなリスクに対応すべく、「AI セキュリティ」の普及やその必要性の認知度向上に資するソリューションを共同で研究・開発するとしており、ここでいう「AI セキュリティ」とは、AI システムの普及に伴い、ビジネス現場において、意図せぬデータのインプット・混入や、膨大かつ日々進化し続けるデータの変化に十分な対応ができず予期せぬ結果を招くケース等に対応して、AI システム自体を守ることである。

解答　ア

問題 87. 防犯における AI の活用事例に関する次の文章中の（　　）に入る語句
の組合せとして最も適切なものを、以下のアからエまでのうち１つ選び
なさい。

> ドリームエリア株式会社は、（　a　）などによって危険を未然に
> 防ぐ児童見守りサービス「みもり」の提供を、2018 年より開始し
> た。「みもり」は、NTT コミュニケーションズ株式会社が提供す
> る、（　b　）（仮想的に専用線のように構築されたネットワーク
> によるサービス）接続によるセキュアで安価なモバイル通信サービ
> スおよび強固なクラウド基盤からなる（　c　）ネットワーク基盤
> を活用したものである。「みもり」では、AI が専用デバイス「み
> もり（a）」を持つ子ども一人ひとりの行動パターンを分析し、普
> 段と異なる行動が検知された場合は保護者に通知される。

ア．a．GPS　　　　b．VPN　　　　c．IoT

イ．a．IoT　　　　b．VPN　　　　c．GPS

ウ．a．GPS　　　　b．IoT　　　　c．VPN

エ．a．VPN　　　　b．IoT　　　　c．GPS

解説　防犯・防災

　NTT コミュニケーションズ株式会社は、ドリームエリア株式会社に、VPN（仮想的に専用線のように構築されたネットワークによるサービス）接続によるセキュア（安心・安全）で安価なモバイル通信サービスおよび強固なクラウド基盤からなる IoT ネットワーク基盤を提供している。ドリームエリアは、本基盤を活用し、GPS などの位置情報によって危険を未然に防ぐ児童見守りサービス「みもり」の提供を、2018 年 4 月下旬より開始した。同サービスは、子どもに見守り専用デバイス「みもり GPS」を持たせ、保護者のスマートフォンに専用アプリをインストールして子どもの行動を見守るサービスであり、AI が子ども一人ひとりの行動パターンを分析し、普段と異なる移動が検知された場合は保護者に通知される。

> ドリームエリア株式会社は、GPS などによって危険を未然に防ぐ児童見守りサービス「みもり」の提供を、2018 年より開始した。「みもり」は、NTT コミュニケーションズ株式会社が提供する、VPN（仮想的に専用線のように構築されたネットワークによるサービス）接続によるセキュアで安価なモバイル通信サービスおよび強固なクラウド基盤からなる IoT ネットワーク基盤を活用したものである。「みもり」では、AI が専用デバイス「みもり GPS」を持つ子ども一人ひとりの行動パターンを分析し、普段と異なる行動が検知された場合は保護者に通知される。

解答　ア

問題88. 防災におけるAIの活用事例に関する以下のアからエまでの記述のうち、下線部が適切ではないものを1つ選びなさい。

ア. AI 防災協議会の「AI 防災支援システム」における「情報投稿機能」は、各地にいるユーザーからリアルタイムで投稿された被害状況をもとに、発生している災害の種類をAIが整理して、地図上に可視化するものである。

イ. 三菱電機エンジニアリング株式会社の「AI 水位計測」技術による水位監視では、あらかじめ撮影した複数の河川画像に水域判定用ニューラルネットワークを活用し学習させることで、水域を判定、水際線を検出する。

ウ. 株式会社 Ridge-i（リッジアイ）が、JAXA からの委託を受けて取り組んだ土砂災害へのディープラーニング活用では、光波測量データを解析し、土砂崩れ箇所を自動で検出、全域で数秒という高速解析と約 80%の高精度検出を可能とした。

エ. 一般財団法人日本気象協会と株式会社 Spectee（スペクティ）および福井県は、カメラで得られた画像から、AI と気象条件によって路面状態をリアルタイムに判別する実証実験を行っており、2021 年には新たに路面状態判別を行うカメラ地点数を大幅に増加するとともに、路面状態予測を組み合わせての実証実験を行った。

解説　防犯・防災

ア適　切。AI 防災協議会の LINE 公式アカウント「AI 防災支援システム」の「情報投稿機能」は、各地にいるユーザーからリアルタイムで投稿された被害状況をもとに、どこでどのような種類の災害が発生しているかを AI が整理して、地図上に可視化することにより、早期に災害の全体像を把握することを可能とし、災害対策の判断を支援する。

イ適　切。三菱電機エンジニアリング株式会社の「AI 水位計測」技術である画像式水位計測装置「フィールドエッジ®」では、橋脚等を計測対象に、あらかじめ撮影した複数の河川画像（昼夜、平常/増水時等）に水域判定用ニューラルネットワークを活用し学習させることで、水域を判定、水際線を検出する。

ウ不適切。2019 年に JAXA（宇宙航空開発研究機構）からリッジアイが委託を受けて取り組んだ土砂災害へのディープラーニング活用では、**光学衛星データ**を解析し、土砂崩れ箇所を自動で検出、全域で数秒という高速解析と約 80%の高精度検出を可能とした。従来、熟練の検査員が一枚当たり数十分かけて目視で確認していた作業を、1 秒以内で処理することに成功している。

エ適　切。一般財団法人日本気象協会と株式会社 Spectee および福井県は、路面状況確認カメラで得られた画像から、AI と気象条件によって路面状態をリアルタイムに判別する実証実験を 2020 年度から行っている。この技術のさらなる精度向上を行い、本格的な福井県民向けサービス運用を目指すため、2021 年 12 月から新たに路面状態判別を行うカメラ地点数を大幅に増加するとともに、路面状態予測を組み合わせての実証実験を行うと発表した。

解答　ウ

14. インフラ

問題 89. インフラ事業における AI の活用事例に関する記述として、<u>下線部が適切なものを</u>以下のア・イのうち１つ選びなさい。

ア．八千代エンジニヤリング株式会社と株式会社ブレインパッドが共同開発した、AI による自動判定サービス「GoganGo」は、コンクリート護岸を撮影した画像をディープラーニングで解析し、コンクリートのひび割れなどの<u>劣化の有無</u>を自動判定する。

イ．大阪ガス株式会社が、日本信号株式会社、株式会社 HACARUS と共同で開発した、地中にあるガス管や水道管などの位置を AI で判定する「AI 自動判定ソフトウェア」は、少量の学習データで高い精度を発揮できる<u>エンタープライズモデリング</u>を採用したことで、開発にかかる時間・コストが低減された。

解説　インフラ

ア適　切。八千代エンジニヤリング株式会社と株式会社ブレインパッドは、河川のコンクリート護岸の劣化度合いを、AI で自動判定するサービス「GoganGo」を共同開発した。洪水を安全に流す役割を担う河川のコンクリート護岸を撮影した画像をディープラーニングで解析し、コンクリートのひび割れなどの劣化の有無を自動判定する。

イ不適切。正しくは「スパースモデリング」である。「スパースモデリング」は、大量の学習データが必要な「ディープラーニング」と比較して、少量のデータから特徴を抽出し、学習と推論を行うことができる技術である。

解答　ア

問題 90.　インフラにおける AI の活用事例に関する記述として、<u>下線部が適切な</u>ものを以下のア・イのうち１つ選びなさい。

ア．日本鋳鉄管株式会社が兵庫県朝来市で行う水道管路劣化診断業務は、市が管理する管路データに対して、環境ビッグデータと AI を用いて、配管の破損確率を算出し、<u>漏水発生時</u>に管路更新するものである。

イ．一般社団法人 UTMS 協会と住友電気工業株式会社は、時空間情報とプローブ情報（車両から直接収集される走行軌跡情報）で得られた旅行時間の相関関係を AI に学習させ、車両検知センサー取得のデータから推定させたデータを活用し、<u>信号を最適に制御する</u>実証実験を行った。

解説　インフラ

ア不適切。日本鋳鉄管株式会社の水道管路劣化診断業務は、朝来市が管理する管路データ（配管データ・漏水履歴等）に対して、アメリカの Fracta 社が構築した環境ビッグデータと AI を用いて、張り巡らされた配管の破損確率を詳細に算出し、<u>漏水発生前</u>に管路更新するものである。

イ適　切。一般社団法人 UTMS 協会と住友電気工業株式会社が開発を進める、AI による渋滞予測を活用して信号を制御する実証実験は、岡山県警察本部交通管制センターに導入した AI に、過去の交通量や周辺環境情報などの時空間情報とプローブ情報（車両から直接収集される走行軌跡情報）で得られた旅行時間（渋滞状況）の相関関係を学習させ、交通量計測用車両検知センサーで取得した交通量から推定された渋滞長を活用している。これにより、車両検知センサーの削減によりインフラコストを低減できるとともに、渋滞計測用車両検知センサーが少ない交差点でも適切な信号制御が可能になる。

解答　イ

問題91. 交通事業における AI の活用事例に関する記述として、<u>下線部が適切な</u>ものを以下のア・イのうち1つ選びなさい。

ア. 西武鉄道株式会社が運用を開始した、踏切滞留 AI 監視システムは、<u>踏切に近づく鉄道車両</u>を検知する「物体検知」と人の移動・滞留を検知する「骨格検知」の複数の AI アルゴリズムにより、高い精度で踏切の安全性向上を図る。

イ. 多摩都市モノレール株式会社が導入している、東芝グループの輸送計画 ICT ソリューションには、<u>「検査・清掃計画 AI」</u>「配車 AI」「運用循環 AI」が実装されている。

解説 インフラ

ア不適切。正しくは「自動車などの物体の滞留」である。踏切滞留 AI 監視システムは、沖電気工業株式会社と丸紅ネットワークソリューションズ株式会社によるもので、踏切内の「人」を踏切監視カメラ映像から AI 処理し、物体の形状を認識する。自動車などの物体の滞留を検知する「物体検知」と人の移動・滞留を検知する「骨格検知」の複数の AI アルゴリズムにより、高い精度で迅速に踏切道の自動車等や人の検知を行う。

イ適　切。東芝インフラシステムズは、多摩都市モノレールに導入している東芝グループの輸送計画 ICT ソリューション TrueLine®のダイヤデータ資産をもとに、東芝研究開発センターが開発した現場のノウハウや制約条件を数理モデル化した輸送計画最適化 AI を活用して最適化を行い、TrueLine®に実装されている「検査・清掃計画 AI」「配車 AI」「運用循環 AI」を活用、調整しながら、解決へ向けて検証を重ね、多摩都市モノレールの 2022 年3月のダイヤ改正に、その成果が適用された。

解答　イ

問題 92. インフラ分野における AI の活用事例に関する次の文章中の（　　）に入る語句の組合せとして最も<u>適切な</u>ものを、以下のアからエまでのうち１つ選びなさい。

> 　KDDI 株式会社は、三井物産株式会社と、位置情報などのビッグデータや AI を活用し、人が移動する手段・時間・場所を把握する「次世代型都市シミュレーター」を開発する。
> 　両社は、同シミュレーターを活用した都市状況の精緻な可視化と将来予測のシミュレーションを通じて、（　a　）の開発を支援するとともに、５G・金融・MaaS・エネルギー・インフラを含む新たな事業創出を目指す。さらに（　b　）などの配置の検討にも取り組んでいく。

ア．a．環境モデル都市
　　b．電気自動車充電スポット、自動運転バス停留所
イ．a．スマートシティ
　　b．居住地域・商業施設地域
ウ．a．スマートシティ
　　b．電気自動車充電スポット、自動運転バス停留所
エ．a．環境モデル都市
　　b．居住地域・商業施設地域

解説　インフラ

　KDDI 株式会社は、三井物産株式会社と、位置情報などのビックデータや AI を活用し、人が移動する手段・時間・場所・目的を把握可能とする「次世代型都市シミュレーター」を開発する。両社は、同シミュレーターを活用し、スマートシティの開発を支援するとともに、5 G・金融・MaaS・エネルギー・インフラを含む新たな事業創出を目指す。さらに KDDI は、5 G 基地局や電気自動車の充電スポット、自動運転バスの停留所などの配置場所の検討や、自動運転ルートのシミュレーションなどにも取り組む。

> 　KDDI 株式会社は、三井物産株式会社と、位置情報などのビックデータや AI を活用し、人が移動する手段・時間・場所を把握する「次世代型都市シミュレーター」を開発する。
> 　両社は、同シミュレーターを活用した都市状況の精緻な可視化と将来予測のシミュレーションを通じて、**スマートシティ**の開発を支援するとともに、5G・金融・MaaS・エネルギー・インフラを含む新たな事業創出を目指す。さらに<u>電気自動車充電スポット、自動運転バス停留所</u>などの配置の検討にも取り組んでいく。

解答　ウ

問題 93. インフラ事業における AI の活用事例に関する以下のアからエまでの記述のうち、<u>下線部が適切</u>ではないものを 1 つ選びなさい。

ア．清水建設株式会社の「シミズ・シールド AI」は、シールド工事の掘進計画の立案およびマシン操作の自動化を目的に開発した AI <u>施工合理化</u>システムである。

イ．「シミズ・シールド AI」を構成する「施工計画支援 AI」は、掘進計画の AI シミュレーションプログラムで、開発にあたっては、<u>架空の</u>工事現場をモデル化してアルゴリズムの検討が行われた。

ウ．「シミズ・シールド AI」を構成する「掘進操作支援 AI」は、与えられた掘進計画を具現化する最適なジャッキパターンを予測するもので、開発に当たっては熟練オペレーターの実操作内容が<u>教師データ</u>として使用された。

エ．「シミズ・シールド AI」は、2022 年に兵庫県姫路市の<u>放水路幹線建設工</u>事に導入された。

解説 インフラ

ア適　切。記述の通り。「シミズ・シールド AI」は、シールドトンネルの掘進計画を支援する「施工計画支援 AI」と、シールド機の操作を支援する「掘進操作支援 AI」の 2 種類の AI システムから構成される。

イ不適切。「施工計画支援 AI」の開発に当たっては、**実際の**工事現場をモデル化してアルゴリズムの検討を続け、延長 414m の道路工事トンネルモデルでは、制約条件を満たす掘進計画をわずか 25 分で導き出した。

ウ適　切。「掘進操作支援 AI」は、与えられた掘進計画を具現化する最適なジャッキパターンを予測するもので、具体的には、熟練オペレーターの実操作内容を教師データとして学習した AI が、掘進中のシールド機から得られるさまざまな情報から、シールド機を推進する複数本のジャッキの最適な制御方法（ジャッキパターン）を瞬時に判断・選択することで、掘進計画通りの施工を実現する。

エ適　切。「シミズ・シールド AI」は、姫路市汐入川才西川放水路幹線建設工事（兵庫県姫路市）に導入され、初期掘進完了後の 2022 年 3 月から AI によるシールド機の自動運転が開始された。

解答　イ

15. 行政

問題 94. 2021 年 4 月に実施された参議院長野県選出議員補欠選挙において実施された、パナソニックの AI 画像センシング技術を用いた実証実験の内容として<u>適切ではない</u>ものを、以下のア・イのうち 1 つ選びなさい。

ア．有効票・無効票の峻別

イ．投票所混雑状況

|解説　行政|

　行政システム株式会社とパナソニックシステムソリューションズジャパン株式会社（2022 年 4 月パナソニックコネクト株式会社に社名変更、以下パナソニック）は、2021 年 4 月に実施された参議院長野県選出議員補欠選挙の期日前投票において、長野市役所及び長野市選挙管理委員会協力のもと、パナソニックの AI 画像センシング技術を用いた**投票所混雑状況**可視化の実証実験を実施した。

|解答　ア|

問題 95. 行政における AI の活用事例に関する記述として、<u>下線部が適切な</u>ものを以下のア・イのうち 1 つ選びなさい。

ア．NEC ネッツエスアイ株式会社が提供する、自治体のペーパーレスを推進する ASP サービスは、専用の機器の導入の必要がなく、既存の <u>LPWA</u>（地方公共団体の組織内ネットワークを相互に接続する、高度なセキュリティを維持した行政専用のネットワーク）に接続されている PC から直接利用できるため、導入・運用における負担が小さい。

イ．長野県、長野県警察、東日本電信電話株式会社、信州大学の協定により実施される、高齢者を特殊詐欺から守る取組みの一つである「AI を活用した通報システム」の「特殊詐欺対策サービス」は、<u>通話録音機能付き端末に</u>録音した通話録音データをクラウドに転送して解析し、特殊詐欺と疑われる場合には、本人や親族等に注意を促す連絡が入るものである。

解説　行政

ア不適切。NEC ネッツエスアイ株式会社は、自治体のペーパーレスを推進する ASP サービスとして、「NEC ネッツエスアイ　AI-OCR for LGWAN」の販売を開始した。LGWAN とは、「Local Government Wide Area Network：総合行政ネットワーク」の略で、地方公共団体の組織内ネットワークを相互に接続し、地方公共団体間のコミュニケーションの円滑化、情報の共有による情報の高度利用を図ることを目的とする、高度なセキュリティを維持した行政専用のネットワークである。同サービスは、専用のサーバーやスキャナーなどの機器の導入の必要がなく、既存の LGWAN に接続されている PC から直接利用できるため、導入・運用における負担が小さいとされている。LPWA は、電力消費が小さく 100m 以上の通信ができる IoT 向けの通信技術の総称である。

イ適　切。長野県、長野県警察、東日本電信電話株式会社、信州大学は、各団体がそれぞれの分野の専門性を活かし、相特殊詐欺対策サービスの通知先として長野県警察を設定し、通報を互いに連携して特殊詐欺の被害防止を図るための取組を推進する。協定にもとづく各団体の活動（協力）内容の一つに「AI を活用した通報システム」がある。これは、「特殊詐欺対策サービス」の通知先として長野県警察を設定し、通報を受けた場合に長野県警察が当該世帯へ駆けつけることにより、安全確認を行うものである。「特殊詐欺対策サービス」とは、通話録音機能付き端末（特殊詐欺対策アダプタ）に録音した通話録音データをクラウドに転送、サーバ（特殊詐欺解析サーバ）にて解析し、特殊詐欺であると疑われる場合には、本人や親族等の事前に登録した電話番号やメールアドレスに注意を促す連絡が入るものである。

解答　イ

問題96. 株式会社LegalForce（現LegalOn Technologies）のAI契約審査プラット
フォームに関する次の文章中の（　　）に入る語句の組合せとして最も
適切なものを、以下のアからエまでのうち1つ選びなさい。

　　株式会社LegalForceの「LegalForce（リーガルフォース）」は、
AI技術と弁護士の法務知見を組み合わせたAI契約審査プラット
フォームである。自然言語処理等の技術を活用し、（　a　）の
チェックリストと契約書の照合を自動的に行う。契約書をアップ
ロードするだけで契約リスクや条項の抜け漏れの洗い出しをサ
ポートするほかリサーチ、編集、案件管理などの契約審査業務をワ
ンストップでサポートする。ナレッジの蓄積や共有も可能で、
（　b　）を防ぐとしている。

ア．a．契約類型別　　　　　　　b．業務の属人化

イ．a．原案作成者別　　　　　　b．業務の属人化

ウ．a．契約類型別　　　　　　　b．契約書の重複管理

エ．a．原案作成者別　　　　　　b．契約書の重複管理

解説　行政

　SB C&S 株式会社は、株式会社 LegalForce（2022 年 12 月、LegalOn Technologies に社名変更）と同社初となるディストリビューター契約（販売店契約）を締結し、同社が提供する、AI 契約審査プラットフォーム「LegalForce（リーガルフォース）」と AI 契約管理システム「LegalForce キャビネ（リーガルフォースキャビネ）」の取り扱いを開始した。

> 　株式会社 LegalForce の「LegalForce（リーガルフォース）」は、AI 技術と弁護士の法務知見を組み合わせた AI 契約審査プラットフォームである。自然言語処理等の技術を活用し、**契約類型別**のチェックリストと契約書の照合を自動的に行う。契約書をアップロードするだけで契約リスクや条項の抜け漏れの洗い出しをサポートするほかリサーチ、編集、案件管理などの契約審査業務をワンストップでサポートする。ナレッジの蓄積や共有も可能で、**業務の属人化**を防ぐとしている。

解答　ア

16. その他の業種

問題 97. 観光業における AI の活用事例に関する記述として、<u>下線部が適切なもの</u>を以下のア・イのうち１つ選びなさい。

　ア．ビッグホリデー株式会社の AI を活用した旅行ブログでは、同社の AI 社員「本郷一花」が、ChatGPT と <u>Stable diffusion</u> という生成 AI を活用して、独自の視点で旅行先を紹介する記事を作成している。

　イ．株式会社 INDETAIL と株式会社電縁がリリースした、スマートチェックインサービス「maneKEY（マネキー）」では、AI を駆使した<u>静脈認証技術</u>による本人認証が導入され、従来は人が行っていた宿泊施設のカウンター業務を IoT が担うことで、宿泊施設の運営業務を省力化する。

|解説　その他の業種|

　ア適　切。ビッグホリデー株式会社は、生成 AI を活用した旅行記事の生成を開始した。同社の AI 社員「本郷一花」が、「ChatGPT」と「stable diffusion」という最先端のジェネレーティブ AI を活用して、独自の視点で旅行先を紹介する記事を作成する。「stable diffusion」は、テキストで指示を入力すると、指示に従って画像を作成する生成 AI である。

　イ不適切。正しくは「<u>顔認証技術</u>による本人認証」である。株式会社 INDETAIL と株式会社電縁の「maneKEY」では、AI を駆使した顔認証技術による本人認証が導入され、従来は人が行っていた宿泊施設のカウンター業務を IoT が担うことで、宿泊客にスムーズなチェックイン体験を提供するとともに、無人化により宿泊施設の運営業務を省力化する。

|解答　ア|

問題98. さまざまなAIの活用事例に関する以下のアからエまでの記述のうち、<u>下線部が適切ではない</u>ものを１つ選びなさい。

ア．株式会社TARAが、福島県会津美里町役場が運営する観光案内施設に提供したAIカメラサービス「メバル」では、カメラに写った人物の属性を自動で取得し、混雑状況の把握、時間帯による入場者数や<u>属性の把握・分析</u>を行うことができる。

イ．SELF株式会社が開発した「AI旅のしおり」は、地域・観光サイト等で、ユーザーに対してAIがオリジナルの旅行プランを提案するサービスであり、<u>ユーザーとの会話から得られる属性情報やニーズ</u>をもとに、一冊のしおりのように旅行プランを作成・保存することができる。

ウ．株式会社グリラスと東日本電信電話株式会社（NTT東日本）は、2023年１月より、ICT／IoTを活用した食用コオロギのスマート飼育の実証実験を開始し、実証の基礎となる<u>コオロギ</u>の飼育における環境要因のデータ収集およびAIによる分析を行っている。

エ．株式会社Laboro.AI（ラボロエーアイ）が支援する山口県指定無形文化財「鷺流狂言」の伝承・普及を目的としたAI開発プロジェクトでは、AI技術を活用した狂言の<u>動きを記した古文書の解析</u>を実施した。

解説　その他の業種

ア適　切。株式会社TARAは、AIカメラサービス「メバル」の「属性分析機能」を、福島県会津美里町役場が運営する観光案内施設・本郷インフォメーションセンターへ提供すると発表した。会津美里町役場は同センターで案内する向羽黒山城跡への入城者の顧客分析を行い、その解析結果（時間帯による人数や属性の把握・分析）をデータとして可視化することで、翌年度以降の観光推進に向けた参考値にするとしている。

イ適　切。SELF株式会社の会話型「コミュニケーションAI」を活用した「AI旅のしおり」は、地域・観光サイト等で、ユーザーに対してAIがオリジナルの旅行プランを提案するサービスであり、ユーザーと会話をすることによって属性情報やニーズを取得・分析し、一冊のしおりのように旅行プランを作成・保存する。

ウ適　切。グリラスでは食糧問題の解決策として、食用コオロギを食品ロス由来100%の独自配合飼料を用いて生産してきたが、最新の情報工学的アプローチを取り入れることは、十分にはできておらず、その解決に向けて事件が開始された。

エ不適切。株式会社Laboro.AI（ラボロエーアイ）は、2021年4月、保有するAI導入やAI開発に関する専門知識・スキルについて、社会貢献を目指す各種活動に活用することを目的に、そのノウハウを無償で提供するプロボノ（ボランティア）活動の支援先の募集を実施し、山口県観光スポーツ文化部を支援先として選定した。その結果、山口県の指定無形文化財である「鷺流（さぎりゅう）狂言」の伝承・普及を目的としたAI開発プロジェクトに取り組んだ。鷺流狂言は、伝承者・後継者の不足や伝統芸能に対する関心低下を背景に、今後10年以内にその伝統が消失することが危惧されている。今回のプロボノ活動では、山口県および山口鷺流狂言保存会と協働の上、伝統芸能の普及、特に後継者・担い手の増加や観光コンテンツ化に向けて、AI技術を活用した狂言の**動きを可視化する仕組みの開発**を実施した。

解答　エ

【第7課題　人材・AI の導入動向】
【第8課題　AI の制度・政策動向】

問題 99.　AI 人材の不足感に関する記述として、より<u>適切な</u>ものを以下のア・イ
　　　　のうち1つ選びなさい。

　ア．独立行政法人情報処理推進機構（IPA）「AI 白書 2020」の、ユーザー企業
　　　における人材種別の不足状況で、「不足している」の回答が最も多かったの
　　　は「AI を活用したソフトウェアやシステムを実装できる AI 開発者」であ
　　　る。

　イ．独立行政法人情報処理推進機構（IPA）「AI 白書 2020」の、ユーザー企業
　　　における人材種別の不足状況で、「不足している」の回答が最も多かったの
　　　は「現場の知見と基礎的 AI 知識を持ち、自社への AI 導入を推進できる従
　　　業員」である。

解説　企業の AI 人材

　ア不適切。「AIを活用したソフトウェアやシステムを実装できるAI開発者」に
　　　　　　ついては49.9％が「自社には必要ない」と回答している。これは、
　　　　　　必要に応じて大学研究者やAIベンダー企業を活用できるためと「AI
　　　　　　白書2020」では推察している。

　イ適　切。日本のユーザー企業（ITのシステムを開発、提供するベンダー企業
　　　　　　から、ITのシステムを提供され使用する側の企業）に対してAI人材
　　　　　　の不足状況について尋ねた調査結果を見ると、「不足している」の回
　　　　　　答が最も多いのが「現場の知見と基礎的AI知識を持ち、自社へのAI
　　　　　　導入を推進できる従業員」（70.1％）であった。

解答　イ

問題 100. AI の利活用状況に関する記述として、より<u>適切な</u>ものを以下のア・イ
のうち 1 つ選びなさい。

ア．独立行政法人情報処理推進機構（IPA）「AI 白書 2020」の日本のユーザー
企業における AI の利用率の調査において、「すでに導入している」企業の
割合は 1 割以下であった。

イ．「AI 白書 2020」の日本のユーザー企業における AI の利用率の調査におい
て、「関心はあるがまだ特に予定はない」企業の割合は 1 割以下であった。

解説　AI の導入動向

ア適　切。「AI白書2020」の日本のユーザー企業におけるAIの利用率の調査に
おいて、「すでに導入している」企業の割合は4.2%であった。

イ不適切。「関心はあるがまだ特に予定はない」企業は、半数以上（51.2%）を
占めている。

解答　ア

問題 101. AI 導入の効果に関する記述として、より<u>適切な</u>ものを以下のア・イの
うち１つ選びなさい。

ア．独立行政法人情報処理推進機構（IPA）「AI 白書 2020」の AI 導入企業に
対して導入の効果を尋ねた調査において、「期待通りの効果が出た」と回答
した企業は３割強であった。

イ．独立行政法人情報処理推進機構（IPA）「AI 白書 2020」の AI 導入企業に
対して導入の効果を尋ねた調査において、「期待外れ」と回答した企業は３
割強であった。

解説　AI の導入動向

ア適　切。独立行政法人情報処理推進機構（IPA）「AI 白書 2020」の AI 導入
企業に対して導入の効果を尋ねた調査において、「期待通りの効果
が出た」と回答した企業は 36.4％であった。

イ不適切。独立行政法人情報処理推進機構（IPA）「AI 白書 2020」の AI 導入
企業に対して導入の効果を尋ねた調査において、「期待外れ」と回答
した企業は 4.5％であった。

解答　ア

問題102. 日本のユーザー企業に対してAI人材の不足状況について尋ねた調査結果に関する以下のアからエまでの記述のうち、最も<u>適切ではないもの</u>を１つ選びなさい。

ア.「不足している」の回答が最も多いのは、「AIを活用した製品・サービスを企画できるAI事業企画者」であった。

イ.「不足している」の回答が２番目に多いのは、「AIツールでデータ分析を行い、自社の事業に活かせる従業員」であった。

ウ.「自社には必要ない」の回答が最も多いのは、「先端的なアルゴリズムを開発したり、学術論文を書ける AI 研究者」であった。

エ.「自社には必要ない」の回答が２番目に多いのは、「AIを活用したソフトウェアやシステムを実装できるAI開発者」であった。

解説　企業の AI 人材

ア不適切。「不足している」の回答が最も多いのは、「現場の知見と基礎的AI知識を持ち、自社へのAI導入を推進できる従業員」（70.1％）であった。「AIを活用した製品・サービスを企画できるAI事業企画（者）」が「不足している」とする回答は、58.3％で３番目に多かった。

イ適　切。「不足している」の回答が２番目に多いのは、「AIツールでデータ分析を行い、自社の事業に活かせる従業員」（69.0％）であった。

ウ適　切。「自社には必要ない」の回答が最も多いのは、「先端的なアルゴリズムを開発したり、学術論文を書けるAI研究者」（56.8％）であった。

エ適　切。「自社には必要ない」の回答が２番目に多いのは、「AIを活用したソフトウェアやシステムを実装できるAI開発者」（49.9％）であった。

解答　ア

問題103. 次の表は、AIを「すでに導入している」企業に対して、その効果を尋ねた結果で、回答の多かったものの上位3項目を表したものである。表中の（　　）に入る<u>適切な</u>項目を、以下のアからエまでのうち1つ選びなさい。

企業におけるAIの利用率（n=22）

導入したばかりのためまだ効果がわからない	40.9%
（　　　　　　　）	36.4%
どちらともいえない	9.1%

出典：独立行政法人情報処理推進機構（IPA）「AI白書2020」

ア．期待通りの効果が出た

イ．不明

ウ．効果を測定していない

エ．期待外れ

解説　企業の AI 導入動向

　「期待通りの効果が出た」の回答が３割強、「導入したばかりのためまだ効果がわからない」の回答が約４割で、「期待外れ」の回答は非常に少ない。調査対象が少ないので一概にはいえないが、「導入したばかりのためまだ効果がわからない」企業において、今後一定の効果が現れるであろうことを考えれば、AI 導入は進められるべき取組みといえよう。

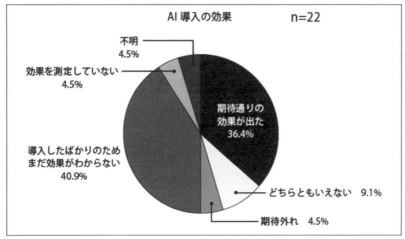

出典：独立行政法人情報処理推進機構 (IPA)「AI 白書 2020」

解答　ア

問題104. AIに対する懸念についての次の文章中の（　　）に入る最も<u>適切な</u>語句を、以下のアからエまでのうち１つ選びなさい。

独立行政法人情報処理推進機構（IPA）の「AI白書2020」では、企業に対して「AIに対する懸念（複数回答）」を尋ねている。最も多い回答は「（　　　）」であり、２番目に多い回答は「責任の所在が不明確」であった。

ア．動作や判断の根拠を説明できない

イ．精度や信頼性が不明確

ウ．法制度が AI に合っていない

エ．人の雇用に影響を与える

解説　AIの導入動向

　AI に対する懸念について尋ねた結果を見ると、「精度や信頼性が不明確」（46.4%）が最も多く、「責任の所在が不明確」（39.4%）、「動作や判断の根拠を説明できない」（35.1%）が続く。

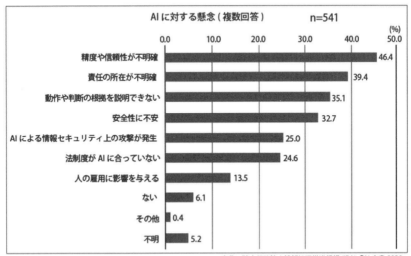

出典：独立行政法人情報処理推進機構 (IPA)「AI 白書 2020」

解答　イ

問題105.「人間中心のAI社会原則」における「AI開発利用原則」に関する記述として、より<u>適切</u>なものを以下のア・イのうち１つ選びなさい。

ア.「我々は、開発者及び事業者において、基本理念及び上記のAI社会原則を踏まえたAI開発利用原則を定め、遵守するべきと考える。」と記されている。

イ.「AI開発利用原則については、規制的で拘束的な枠組みとして国際的に共有されることが重要であると考える。」と記されている。

解説　人間中心の AI 社会原則

ア適　切。記述の通り。「人間中心のAI社会原則」は、社会（特に、国などの立法・行政機関）が留意すべき「AI社会原則」と、AIの研究開発と社会実装に従事する開発・事業者側が留意すべき「AI開発利用原則」に体系化され、「AI開発利用原則」において、開発者及び事業者も基本理念及び「AI社会原則」と同様の原則を遵守すべきとしている。

イ不適切。「規制的で拘束的な枠組み」が誤りで、正しくは「非規制的で非拘束的な枠組み」である。「AI開発利用原則については、現在、多くの国、団体、企業等において議論されていることから、我々は早急にオープンな議論を通じて国際的なコンセンサスを醸成し、非規制的で非拘束的な枠組みとして国際的に共有されることが重要であると考える。」と記されている。

解答　ア

問題 106. 「AI 利活用ガイドライン」に記されている、AI の定義及び対象範囲に関する記述として、より<u>適切な</u>ものを以下のア・イのうち１つ選びなさい。

ア. 「AI ソフト」とは、データ・情報・知識の学習により、利活用の過程を通じて自らの出力やプログラムを変化させる機能を有するソフトウェアをいい、データ・情報・知識に基づく推論によるものは含まれない。

イ. 「AI 利活用ガイドライン」における AI システムの範囲は、ネットワーク接続が可能なものとされ、たとえ現在ネットワークに接続されていなくとも、将来ネットワーク化されうる AI システムは、これに含まれる。

解説　AI 利活用ガイドライン

ア不適切。「AI ソフト」とは、データ・情報・知識の学習等により、利活用の過程を通じて自らの出力やプログラムを変化させる機能を有するソフトウェアをいい、学習以外の方法により AI ソフトが自らの出力やプログラムを変化させる要因としては、データ・情報・知識に基づく推論やセンサやアクチュレータ等を通じた環境とのインタラクションなどが考えられる。

イ適　切。「AI 利活用ガイドライン」における AI システムの範囲は、AI システムがネットワークを通じて広く人間及び社会に便益やリスクをもたらす可能性があることから、ネットワーク化され得る AI システム（ネットワークに接続可能な AI システム）とされる。

解答　イ

問題 107.「AI 利活用ガイドライン」における、AI 利活用の「公平性の原則」に
関する記述として、<u>下線部が適切な</u>ものを以下のア・イのうち１つ選
びなさい。

ア. AI サービスプロバイダ及びビジネス利用者は、AI に用いられる学習アル
ゴリズムにより、AI の判断、特に機械学習においては、一般的に<u>多数派が
より尊重され、少数派が反映されにくい傾向にあり</u>、この課題を回避する
ための方法が検討されている。

イ. AIサービスプロバイダ及びビジネス利用者は、AIによりなされた判断結果
の公平性を保つため、AIを利活用する際の社会的文脈や人々の合理的な期
待を踏まえ、その判断を用いるか否か、あるいは、どのように用いるか等
に関し、人間の判断を<u>介在させないことが重要である。</u>

解説　AI 利活用ガイドライン

ア適　切。AI サービスプロバイダ及びビジネス利用者は、AI に用いられ
る学習アルゴリズムにより、AI の判断にバイアスが生じる可
能性があることに留意することが期待される。特に、機械学習
においては、一般的に、多数派がより尊重され、少数派が反映
されにくい傾向にあり（バンドワゴン効果）、この課題を回避す
るための方法が検討されている。

イ不適切。AI サービスプロバイダ及びビジネス利用者は、AI によりなさ
れた判断結果の公平性を保つため、AI を利活用する際の社会
的文脈や人々の合理的な期待を踏まえ、その判断を用いるか否
か、あるいは、どのように用いるか等に関し、人間の判断を<u>介
在させることが期待される。</u>

解答　ア

問題 108.「AI 戦略 2022」に記されている、AI の社会実装をめぐる背景に関する記述として、より<u>適切な</u>ものを以下のア・イのうち 1 つ選びなさい。

ア．我が国では、AIは人の仕事を代替し、コストや労力を削減するために利用するものとして認識されており、企業や研究機関の技術的に優れたAIの開発により、職場や日常生活において、AIの利活用が急速に進んでいる。

イ．他の先進国はいち早くAIにより変貌を遂げており、現在のような社会システムのままでは、社会の基盤としてAIを効果的に利活用していくことはできず、我が国は長く他国の後塵を拝していくと考えられる。

<u>解説　AI 戦略 2022</u>

ア不適切。AI戦略2022には、「我が国では、多くの場合、AIは人の仕事を代替し、コストや労力を削減するために利用するものとして認識されている。確かにそのような見方をすることはできる。しかし、多くの人がそうした一面的な認識にとらわれるがゆえに、たとえ一部の企業や研究機関が技術的に優れたAIを開発しても、私たちの職場や日常生活では、AIが思ったように利活用されることはない。」とある。

イ適　切。AI戦略2022には、「米国など、他の先進国がいち早くAIにより変貌を遂げているというのに、私たちの多くはそうした変化に気づかないか、たとえ気づくことがあっても、単に私たちの独特な社会の仕組みや慣習の非効率を嘆くだけであったり、例えば「やがて日本なら追いつくことができるに違いない」などといった根拠のない楽観的な見方にすがって見て見ぬふりをしたりしているのではないか。しかし、私たちの社会がそのような状況である限り、AIが社会の基盤技術となるこれからの時代において、日本がかつてのような経済大国としての活力を取り戻すことは容易ではない。おそらく、現在のような社会システムのままでは、社会の基盤としてAIを効果的に利活用していくことはできず、長く他国の後塵を拝していくことになってしまうだろう。」とある。

解答　イ

問題 109.「AI 戦略 2022」に記されている AI をめぐる人材に関する記述として、より<u>適切な</u>ものを以下のア・イのうち 1 つ選びなさい。

ア．AI分野の高度人材の育成では、世界中から意欲溢れる優秀な人材が集合する環境において、最先端の研究に触れ、切磋琢磨の機会を得ることが有効であるが、近年、我が国では学生等の内向き志向が強まっているように見受けられるため、AI分野における人材の国際的頭脳循環を高めるための更なる取組強化が望まれる。

イ．AIに関する研究開発に取り組むにあたっては、優秀な人材が研究開発を大きく進展させることから、研究費を活用して博士課程学生などを迎え入れ参画させることも期待され、そうした際に支出するリサーチアシスタント経費の額の設定にあたっては、学術分野によらない統一的な給与水準に従う必要がある。

解説　AI戦略2022

ア　適　切。AI分野の高度人材の育成では、世界中から意欲溢れる優秀な人材が集合する環境において、最先端の研究に触れ、切磋琢磨の機会を得ることが有効である。しかし、近年、留学に必要な資金、語学力などが障壁となっていることもあり、我が国では学生等の内向き志向が強まっているように見受けられる。このため、AI分野における人材の国際的頭脳循環を高めるための更なる取組強化が望まれる。

イ　不適切。「学術分野によらない統一的な給与水準に従う必要がある。」が誤りで、正しくは「学術分野によらない画一的な給与水準に従うのではなく、優秀な人材を惹きつける大胆で柔軟な設定が望まれる。」である。AIに関する研究開発に取り組むにあたっては、特に優秀で十分な人材を確保できないことが支障となる場合も多い一方、優秀な人材が研究開発を大きく進展させることから、研究費を活用して博士課程学生などを迎え入れ参画させることも期待される。なお、そうした際に支出するリサーチアシスタント経費の額の設定にあたっては、学術分野によらない画一的な給与水準に従うのではなく、関連業界の実情を踏まえ、優秀な人材を惹きつける大胆で柔軟な設定が望まれる。

解答　ア

問題110.「人間中心のAI社会原則」の基本理念に関する以下のアからエまでの記述のうち、最も<u>適切ではない</u>ものを１つ選びなさい。

ア．単にAIの活用による効率性や利便性から得られる利益が人々や社会に還元されることにとどまらず、AIを各人の私有財として活用し、社会の在り方の質的変化や真のイノベーションを通じて、SDGsなどで指摘される地球規模の持続可能性へとつなげることが重要である。

イ．人間がAIを道具として使いこなすことによって、人間の様々な能力をさらに発揮することを可能とし、より大きな創造性を発揮したり、やりがいのある仕事に従事したりすることで、物質的にも精神的にも豊かな生活を送ることができるような、人間の尊厳が尊重される社会を構築する必要がある。

ウ．AIの適切な開発と展開によって、多様な背景と価値観、考え方を持つ人々が多様な幸せを追求し、それらを柔軟に包摂した上で新たな価値を創造できる社会の実現に向けて、社会の在り方を変革していく必要がある。

エ．科学・技術立国としての我が国は、その科学的・技術的蓄積をAIによって強化し、持続性ある社会を作ることに貢献する責務がある。

解説　人間中心の AI 社会原則

ア不適切。「各人の私有財として活用」が誤りで、正しくは「人類の公共財として活用」である。統合イノベーション戦略推進会議が、「人間中心のAI社会原則」の基本理念を3つ挙げる上で重要と考えることとして、本肢の内容が示されている。

イ適　切。基本理念の一つとして「人間の尊厳が尊重される社会」が挙げられ、人間がAIを道具として使いこなすことによって、人間の尊厳が尊重される社会を構築する必要がある、としている。

ウ適　切。AIという強力な技術は、多様な背景を持つ人々が多様な幸せを追求できる社会という理想に近づくための有力な道具となりえるとして、AIの適切な開発と展開によって、このように社会のありかたを変革していく必要がある、としている。

エ適　切。「我々は、AIの活用によりビジネスやソリューションを次々と生み、社会の格差を解消し、地球規模の環境問題や気候変動などにも対応が可能な持続性のある社会を構築する方向へ展開させる必要がある。」として、本肢の内容について述べている。

解答　ア

問題 111. 「人間中心の AI 社会原則」における、人間に期待される能力及び役割等に関する以下のアからエまでの記述のうち、最も<u>適切ではないもの</u>を１つ選びなさい。

ア．AI の情報リソースとなるデータ、アルゴリズムにはバイアスが含まれることを認識する能力を人々が持つことが重要であり、その「データのバイアス」には、主として統計的バイアス、社会の様態によって生じるバイアス及び AI 利用者の善意によるバイアスの３種類があることを認識していることが望まれる。

イ．AI の利用によって、多くの人々が創造性や生産性の高い労働に従事できる環境が実現できることが望ましく、そのためには、出自、文化、趣向等の観点で、多様な人々が各々の目指す多様な夢やアイデアを AI の支援によって実現する能力を獲得できることが期待される。

ウ．多様な人々が多様な夢やアイデアを AI の支援によって実現する能力を獲得するための教育システム及びそれらの達成に資する社会制度が実現されなければならない。

エ．データや AI の基礎教養から実装及び設計等の応用力を、幅広い分野の横断的、複合的及び融合的な枠組みで身につけた人材が十分に存在することが重要であり、そのような人材が、社会のあらゆる活動の原動力となり、かつその人々の能力が AI を活用した生活環境の構成に寄与することが期待される。

解説　人間中心の AI 社会原則

ア不適切。「AI 利用者の善意によるバイアス」が誤りで、正しくは「AI 利用者
　　　　の悪意によるバイアス」である。「人間中心の AI 社会原則」では、
　　　　AI の情報リソースとなるデータに含まれるバイアスとして、「統計
　　　　的バイアス」「社会の様態によって生じるバイアス」「AI 利用者の悪
　　　　意によるバイアス」の 3 種類を挙げている。

イ適　切。記述の通り。AI が社会の隅々に浸透してくることに対応する「AI-
　　　　Ready な社会」において、AI を十分に活用できる社会を実現するた
　　　　めには、多様な人々が各々の目指す多様な夢やアイデアを AI の支
　　　　援によって実現する能力を獲得できることが期待される。

ウ適　切。記述の通り。AI を十分に活用できる社会を実現するために必要とな
　　　　る、多様な人々が各々の目指す多様な夢やアイデアを AI の支援に
　　　　よって実現する能力を獲得するためには、このような能力の獲得を
　　　　実現する教育システム及びそれらの達成に資する社会制度が実現
　　　　される必要がある。

エ適　切。記述の通り。このような生活環境の整備によって、多くの人々がよ
　　　　り豊かで充実した人生を送れるような社会制度が実現されなけれ
　　　　ばならない、とも記されている。

解答　ア

問題112.「人間中心のAI社会原則」における、公平性、説明責任及び透明性の原則に関する以下のアからエまでの記述のうち、最も<u>適切ではない</u>ものを１つ選びなさい。

ア．AI を安心して社会で利活用するため、AI とそれを支えるデータないしアルゴリズムの機密性を確保する仕組みが構築されなければならない。

イ．AI を利用しているという事実、AI に利用されるデータの取得方法や使用方法、AI の動作結果の適切性を担保する仕組みなど、用途や状況に応じた適切な説明が得られなければならない。

ウ．人々が AI の提案を理解して判断するために、AI の利用・採用・運用について、必要に応じて開かれた対話の場が適切に持たれなければならない。

エ．AI の設計思想の下において、人々がその人種、性別、国籍、年齢、政治的信念、宗教等の多様なバックグラウンドを理由に不当な差別をされることなく、全ての人々が公平に扱われなければならない。

解説　人間中心の AI 社会原則

　「AI-Ready な社会」においては、AI の利用によって、人々が、その人の持つ背景によって不当な差別を受けたり、人間の尊厳に照らして不当な扱いを受けたりすることがないように、公平性及び透明性のある意思決定とその結果に対する説明責任（アカウンタビリティ）が適切に確保されると共に、技術に対する信頼性（Trust）が担保される必要がある。

ア不適切。「アルゴリズムの機密性」が誤りで、正しくは「アルゴリズムの信頼性」である。AI を安心して社会で利活用するため、AI とそれを支えるデータないしアルゴリズムの信頼性（Trust）を確保する仕組みが構築されなければならない。

イ適　切。記述の通り。「AI-Ready な社会」においては、AI の利用により、人々が、その人の持つ背景によって不当な差別を受けたり、人間の尊厳に照らして不当な扱いを受けたりすることがないように、意思決定の結果に対する説明責任（アカウンタビリティ）が適切に確保されなければならない。

ウ適　切。記述の通り。AI 利用による不当な差別や扱いがなされないように、公平性及び透明性のある意思決定が確保されなければならない。

エ適　切。記述の通り。「AI-Ready な社会」を実現し、AI の適切で積極的な社会実装を推進するためには、AI の設計思想の下において、人々が多様なバックグラウンドを理由に不当な差別をされることなく、全ての人々が公平に扱われなければならない。

解答　ア

問題 113.「人間中心の AI 社会原則」における基本原則に関する以下のアからエ
　　　　までの記述のうち、最も適切ではないものを 1 つ選びなさい。

ア．公正競争確保の原則では、新たなビジネス、サービスを創出し、持続的な
　　経済成長の維持と社会課題の解決策が提示されるよう、公正な競争環境を
　　維持し、特定の企業に AI に関する資源が集中した場合、その支配的な地
　　位を利用した不公正な競争が行われる社会であってはならないとされて
　　いる。

イ．イノベーションの原則では、政府は、AI 技術の社会実装を促進するため、
　　あらゆる分野の阻害要因となる規制の改革等を進め、政府や大学・研究機
　　関が企業等を先導して、大学・研究機関・企業の間の協業・連携や柔軟な
　　人材の移動を促さなければならないとされている。

ウ．セキュリティ確保の原則では、現在想定できる技術の範囲においては、AI
　　が常に適切に対応することは不可能であり、セキュリティに対する新たな
　　リスクも生じるため、社会は、常に利益と不利益を比較考慮し、全体とし
　　て社会の安全性及び持続可能性が向上するように努めなければならない
　　とされている。

エ．プライバシー確保の原則では、AI を前提とした社会においては、個人の行
　　動などに関するデータから、政治的立場、経済状況、趣味・嗜好等が高精
　　度で推定できることから、パーソナルデータの重要性・要配慮性に応じて、
　　単なる個人情報を扱う以上の慎重さが求められるとされている。

解説　人間中心の AI 社会原則

ア適　切。記述の通り。公正競争確保の原則では、特定企業の不公正競争の防止に加え、AI の利用によって、富や社会に対する影響力が一部のステークホルダーに不当過剰に偏る社会であってはならないともされる。

イ不適切。「政府や大学・研究機関が企業等を先導して、大学・研究機関・企業の間の協業・連携」が誤りで、正しくは「大学・研究機関・企業の間の対等な協業・連携」である。イノベーションの原則では、幅広い知識、視点、発想等に基づき、人材・研究の両面から、徹底的な国際化・多様化と産学官民連携を推進するため、大学・研究機関・企業の間の対等な協業・連携や柔軟な人材の移動を促さなければならないとされる。

ウ適　切。記述の通り。セキュリティ確保の原則では、社会は、セキュリティに対する新たなリスクに対して、常にベネフィットとリスクのバランスに留意し、社会の安全性及び持続可能性が向上するように努めなければならないとされる。

エ適　切。記述の通り。プライバシーの原則では、パーソナルデータは、その重要性・要配慮性に応じて適切な保護がなされなければならず、その利活用と保護のバランスは、文化的背景や社会の共通理解をもとにきめ細やかに検討される必要があるとされる。

解答　イ

問題114.「AI利活用ガイドライン」における、AI利活用原則の「適正学習の原則」に関する以下のアからエまでの記述のうち、<u>下線部が適切ではないもの</u>を1つ選びなさい。

ア．AIサービスプロバイダ、ビジネス利用者及びデータ提供者は、利用するAIの特性及び用途を踏まえ、AIの学習等に用いる<u>データの量</u>に留意することが期待される。

イ．AIによりなされる判断は、事後的に精度が損われたり、低下することが想定されるため、あらかじめ<u>精度に関する基準</u>を定めておくことが期待される。

ウ．消費者的利用者から提供されるデータを用いることが予定されている場合には、AIの特性及び用途を踏まえ、<u>データ提供の手段、形式等</u>について、あらかじめ消費者的利用者に情報を提供することが期待される。

エ．AIサービスプロバイダ、ビジネス利用者及びデータ提供者は、AIのセキュリティに<u>脆弱性が生じる</u>リスクが存在することに留意し、消費者的利用者に対し、そのようなリスクが存在することをあらかじめ周知することが期待される。

※消費者的利用者：最終利用者のうちAIシステム又はAIサービスを利用する者（ビジネス利用者を除く）。

※最終利用者：利用者のうち業としてサービス又はAI付随サービスを他者に提供することなくAIシステム又はAIサービスを利用する者

※利用者：AIシステム、AIサービス又はAI付随サービスを利用する者

※ビジネス利用者（非営利の専門職、行政機関を含む）：最終利用者のうち業としてAIシステム又はAIサービスを利用する者

解説　AI 利活用ガイドライン

ア不適切。「適正学習の原則」において、AIの学習等に用いるデータについて留意する旨が記されているのは、「データの量」ではなく、「データの質」である。「AIサービスプロバイダ、ビジネス利用者及びデータ提供者は、利用するAIの特性及び用途を踏まえ、AIの学習等に用いるデータの質（正確性や完全性など）に留意することが期待される（機械学習におけるデータの質を確保するための方法）。」とある。

イ適　切。AIによりなされる判断は、事後的に精度が損われたり、低下することが想定されるため、想定される権利侵害の規模、権利侵害の生じる頻度、技術水準、精度を維持するためのコスト等を踏まえ、あらかじめ精度に関する基準を定めておくことが期待される。精度が当該基準を下回った場合には、データの質に留意して改めて学習させることが期待される。

ウ適　切。記述の通り。消費者的利用者が、自らデータを収集し、利用するAIの学習等を行うことが予定されている場合には、データの形式及び内容について、開発者、AIサービスプロバイダ等から提供された情報を踏まえた上でデータの収集、保存を行うことが望ましい。

エ適　切。AIサービスプロバイダ、ビジネス利用者及びデータ提供者は、AIが不正確又は不適切なデータを学習することにより、AIのセキュリティに脆弱性が生じるリスクが存在することに留意することが期待される。また、消費者的利用者に対し、そのようなリスクが存在することを予め周知することが期待される。

解答　ア

問題 115.「AI 利活用ガイドライン」に記されている連携の原則、安全の原則及びセキュリティの原則に関する以下のアからエまでの記述のうち、最も適切ではないものを 1 つ選びなさい。

ア．AI サービスプロバイダ及びビジネス利用者は、AI ネットワーク化によりリスクの惹起・増幅可能性があることに留意し、当該リスクについては、連携の相手方と共有せず、当事者ごとに分析することが期待される。

イ．人の生命・身体・財産に危害を及ぼし得る分野で AI を利活用する場合、AI サービスプロバイダは必要に応じた対策を講じ、損害が発生した場合に講じる措置を事前に検討することが期待される。

ウ．AI サービスプロバイダは、自ら提供する AI サービスについて、最終利用者にセキュリティ対策のためのサービスを提供し、たとえ解決済みの過去のアクシデント等の情報であっても共有することが期待される。

エ．AI サービスプロバイダは、自ら提供する AI サービスについてのセキュリティ対策サービスを迅速に提供することが期待され、AI システムの機密性に関わる学習モデルの生成・管理におけるセキュリティの脆弱性に関する情報を提供することが期待される。

解説　連携の原則、安全の原則及びセキュリティの原則

ア不適切。AI サービスプロバイダ及びビジネス利用者は、AI ネットワーク化によりリスクの惹起・増幅可能性があることに留意し、考えられるリスクを分析し、連携の相手方と**共有する**とともに、予防策や問題が生じた場合の対応策等を整理し、消費者的利用者等に対し、必要な情報提供を行うことが期待される。

イ適　切。記述の通り。AI サービスプロバイダは、事前に検討した措置について、消費者的利用者に対し、必要な情報提供をすることまで期待される。

ウ適　切。AI サービスプロバイダは、最終利用者にセキュリティ対策のためのサービスを提供することのみならず、過去のアクシデントやインシデント情報の共有を図ることが期待される。

エ適　切。AI サービスプロバイダは、学習モデルの生成及び管理において、セキュリティに脆弱性が存在するリスクに留意することが期待され、消費者的利用者に対し、そのようなリスクが存在することを予め周知することが期待される。

解答　ア

問題116.「AI利活用ガイドライン」におけるAI利活用原則に関する以下のアから
エまでの記述のうち、最も<u>適切ではない</u>ものを1つ選びなさい。

ア．尊厳・自律の原則とは、利用者は、AI システム又は AI サービスの利活用
において、AI の尊厳と個人の自律を尊重する、というものである。

イ．公平性の原則とは、AI サービスプロバイダ、ビジネス利用者及びデータ提
供者は、AI システム又は AI サービスの判断にバイアスが含まれる可能性
があることに留意し、また、AI システム又は AI サービスの判断によって
個人及び集団が不当に差別されないよう配慮する、というものである。

ウ．プライバシーの原則とは、利用者及びデータ提供者は、AI システム又は AI
サービスの利活用において、他者又は自己のプライバシーが侵害されない
よう配慮する、というものである。

エ．アカウンタビリティの原則とは、利用者は、ステークホルダに対しアカウ
ンタビリティを果たすよう努める、というものである。

解説　AI 利活用ガイドライン

ア不適切。尊厳・自律の原則とは、利用者は、AI システム又は AI サービスの利活用において、**人間の尊厳**と個人の自律を尊重する、というものである。

イ適　切。記述の通り。公平性の原則の内容は、①AI の学習等に用いられるデータの代表性への留意、②学習アルゴリズムによるバイアスへの留意、③人間の判断の介在である。

ウ適　切。記述の通り。プライバシーの原則の内容は、①AI の利活用における最終利用者及び第三者のプライバシーの尊重、②パーソナルデータの収集・前処理・提供等におけるプライバシーの尊重、③自己等のプライバシー侵害への留意及びパーソナルデータ流出の防止である。

エ適　切。記述の通り。アカウンタビリティの原則の内容は、①アカウンタビリティを果たす努力、②AI に関する利用方針の通知・公表である。

解答　ア

問題 117.「AI 戦略 2022」における戦略的目標に関する以下のアからエまでの記述のうち、下線部が適切ではないものを 1 つ選びなさい。

ア.「戦略目標 0」は、「我が国が、<u>パンデミックや大規模災害などの差し迫った危機</u>に対して、そこに住む人々の生命と財産を最大限に守ることができる体制と技術基盤を構築し、それを適正かつ持続的に運用するための仕組みが構築されること。」である。

イ.「戦略目標 1」は、「我が国が、世界で最も AI 時代に対応した人材の育成を行い、<u>世界から人材を呼び込む国</u>となること。さらに、それを持続的に実現するための仕組みが構築されること。」である。

ウ.「戦略目標 2」は、「我が国が、<u>実世界産業における</u> AI の応用でトップ・ランナーとなり、産業競争力の強化が実現されること。」である。

エ.「戦略目標 3」は、「我が国で、「<u>高度なデジタル化が日常となる社会</u>」を実現するための一連の技術体系が確立され、それらを運用するための仕組みが実現されること。」である。

解説　AI 戦略 2022

ア 適　切。記述の通り。新型コロナウイルス感染症への対応で露見したのは、我が国の官民双方のデジタル化の信じ難い遅れであり、非常事態の対応に関する体制や法体系も整備されているとは言い難い。AI 戦略に関わる部分においても、各種データのオーナーシップの不明確さ、紙ベースの情報伝達など、AI 以前の問題が山積している。この問題は、一刻の猶予もなく是正するべきであり、日本の人々の命と財産を守ることに資する AI 関連の研究開発の進展と迅速な実用化を目指す。

イ 適　切。記述の通り。「AI 時代に対応した人材」とは、単一ではなく、最先端の AI 研究を行う人材、AI を産業に応用する人材、中小の事業所で応用を実現する人材、AI を利用して新たなビジネスやクリエーションを行う人材などのカテゴリーに分かれ、各々のカテゴリーでの層の厚い人材が必要となる。人材の増大には、海外から日本を目指す人々も含め、それぞれの層に応じた育成策、呼び込み策が重要である。そのため、今後、先進的な教育プログラムの構築が重要であり、さらに、これを海外にも提供できるレベルにまで充実させることも必要になる。

ウ 適　切。記述の通り。「実世界産業」とは、医療、農業、素材、物流、製造設備など、物理的実世界（Physical Real World）において何らかの価値を提供する産業の総称である。

エ 不適切。「戦略目標 3」は、「我が国で、「**多様性を内包した持続可能な社会**」を実現するための一連の技術体系が確立され、それらを運用するための仕組みが実現されること。」である。

解答　エ

問題 118.「AI 戦略 2022」に記されている、AI の社会実装の推進に臨む姿勢として下線部が適切なものを、以下のアからエまでのうち 1 つ選びなさい。

ア．AI の精度が人を凌駕するような場合や、多少の間違いを許容してでも人による作業量を削減すべきような場合には、AI は人の仕事を代替すべきではない。

イ．AI を効果的に利活用し、多種多様な仕事を効率的に処理するためには、「AIは人の仕事を代替する」という思い込みを捨てることが必要である。

ウ．AI の利活用について検討する際には、AI のシステムを構築できるような技術者を必要条件とするべきである。

エ．AI の利活用においては膨大なデータを持っていなければ勝つことはできず、デジタル化された状況においてはサービスの提供を通じてデータを取得し、AI の強化、サービスの向上につなげる手段も有効である。

解説　AI 戦略 2022

ア不適切。AI の精度が人を凌駕するような場合や、多少の間違いを許容してで
　　　　も人による作業量を削減すべきような場合には、AI は人の仕事を**代
　　　　替すべき**だろう。しかし、私たちが日常的に行っている仕事や作業
　　　　の多くは、非常に広範な情報に基づく判断を必要とし、あるいはわ
　　　　ずかの間違いも許容されないようにシビアなものである。このため、
　　　　人の仕事を完全に代替し、人が金輪際関わらないことが AI の実装
　　　　であるという認識でいる限り、AI を効果的に利活用できる場面はご
　　　　く限られてしまい、社会実装はなかなか進まなくなってしまう。

イ適　切。AI を効果的に利活用し、多種多様な仕事を効率的に処理するために
　　　　は、「AI は人の仕事を代替する」という思い込みを捨てることが必
　　　　要である。たいていの場合、AI は人を助け、人を支援する存在であ
　　　　る。人は、AI と協調していくことで、労力を最小化し、利益を最大
　　　　化することが可能となる。

ウ不適切。AI を利活用しようかと検討する際に、「技術者だけが AI を深く理
　　　　解できる」との思い込みの下、AI のシステムを構築できるような技
　　　　術者を**必要条件のように考えてしまうのは妥当ではない**。実際には、
　　　　そのような技術者がいなくとも、他の多くの事例から AI の製品や
　　　　サービスの活用によって何がどの程度の水準で処理されるのかと
　　　　いったことを理解することは可能である。

エ不適切。ややもすると「データが全て」であると言わんばかりに、AI の利活
　　　　用においては膨大なデータを持っていなければ勝てないとの思い
　　　　込みがある。データは確かに重要であるが、デジタル化された状況
　　　　においてはサービスの提供を通じてデータを取得し、AI の強化、ひ
　　　　いてはサービスの向上につなげる手段も有効である。このため、
　　　　**データは重要ではあるけれども、それ以上に重要であるのは、サー
　　　　ビス等の構築や提供の際に、AI を強化するデータ収集等を行うよう
　　　　な持続的なサイクル（ループ）を形成するように配慮すること**である。

解答　イ

問題119.「AI戦略2022」に記されている、戦略目標に関する以下のアからエまで
の記述のうち、最も<u>適切ではない</u>ものを1つ選びなさい。

ア．大規模災害などの差し迫った危機に対して、人々の生命と財産を最大限に
守ることができる体制と技術基盤を構築し、それを適正かつ持続的に運用
するための仕組みが構築されることを目指す。

イ．仮想空間市場領域における系統的に取得されていない膨大な情報を活用し、
仮想空間市場におけるAIの応用を実現することで、産業競争力の向上を目
指す。

ウ．世界で最もAI時代に対応した人材の育成を行い、世界から人材を呼び込む
国となり、さらに、それを持続的に実現するための仕組みが構築されるこ
とを目指す。

エ．多様な背景を有する多様な人々が、多様なライフスタイルを実現しつつ、
社会に十分に参加できるような社会を実現するための一連の技術体系が
確立され、それらを運用するための仕組みが実現されることを目指す。

解説　AI 戦略 2022

ア適　切。記述の通り。「AI戦略2022」の戦略目標において、差し迫った危機に対する我が国のデジタル化は、官民双方に信じ難い遅れがあり、一刻の猶予もなくデジタル庁の発足とそれに伴う一連の法体系の整備を反映し、日本の人々の命と財産を守ることに資するAI関連の研究開発の進展と迅速な実用化を目指すとしている。

イ不適切。「AI戦略2022」の戦略目標において、サイバースペース内で完結することがなく、人、自然、ハードウェアなどとの相互作用を通じて初めて価値が生み出される、「実世界産業」領域の未だに系統的に取得されていない膨大な情報を活用し、実世界産業におけるAIの応用でトップ・ランナーとなり、産業競争力の強化を実現するとしている。

ウ適　切。記述の通り。「AI戦略2022」の戦略目標において、「AI時代に対応した人材」をカテゴリー分けし、各々のカテゴリー層に応じた育成策・呼び込み策が重要となるため、先進的な教育プログラムを構築し、これを海外にも提供できるレベルにまで充実させることが必要となるとしている。

エ適　切。記述の通り。「多様性を内包した持続可能な社会」を実現するため、AIの多様な技術体系の確立とそれを活用するための社会の制度・仕組み作りを進め、また、当該戦略目標は、SDGs達成に貢献するため、地球規模でこれを推進する前提で実行に向けた計画を策定することが重要であるとしている。

解答　イ

問題120. AI技術の利活用の支援に関する次の文章中の（　　）に入る最も<u>適切な</u>語句の組合せを、以下のアからエまでのうち１つ選びなさい。

> 　我が国の中・小規模事業者の労働生産性は、大企業と比して低水準にある。AI技術の利活用が進めば、企業の生産性の抜本的改善が期待できるが、そのためには、まずは、中小企業を始めとする各企業のAIリテラシーを高め、（　a　）ことが不可欠である。
> 　また、AI技術は、新たなベンチャー企業を生み出す大きなチャンスを提供する。実際、米国や中国では、AI関連ベンチャー投資は急速に拡大しており、多くの（　b　）が出現している。AI技術の共有と、企業や行政におけるAIの利活用を促進し、新たな製品やサービスの創出のための環境を整えていく必要がある。

ア．a．これら企業の従来の技術を捨て、新たな AI 技術を導入していく
　　b．ユニコーン企業
イ．a．これら企業の技術ニーズと、必要となる AI 技術シーズとのマッチングを進めていく
　　b．ユニコーン企業
ウ．a．これら企業の従来の技術を捨て、新たな AI 技術を導入していく
　　b．ゼブラ企業
エ．a．これら企業の技術ニーズと、必要となる AI 技術シーズとのマッチングを進めていく
　　b．ゼブラ企業

解説　AI 戦略 2022

　ユニコーン企業とは、時価総額10億ドル超の未公開企業のことである。ゼブラ企業とは、SDGsやサステナビリティを重視し社会課題の解決と持続的な経営の両立を目指す企業のことである。

> 　我が国の中・小規模事業者の労働生産性は、大企業と比して低水準にある。AI技術の利活用が進めば、企業の生産性の抜本的改善が期待できるが、そのためには、まずは、中小企業を始めとする各企業のAIリテラシーを高め、**これら企業の技術ニーズと、必要となるAI技術シーズとのマッチングを進めていく**ことが不可欠である。
>
> 　また、AI技術は、新たなベンチャー企業を生み出す大きなチャンスを提供する。実際、米国や中国では、AI関連ベンチャー投資は急速に拡大しており、多くの**ユニコーン企業**が出現している。AI技術の共有と、企業や行政におけるAIの利活用を促進し、新たな製品やサービスの創出のための環境を整えていく必要がある。

解答　イ

AI 活用アドバイザー認定試験 公式精選問題集

2024 年 4 月 29 日　初版第 1 刷発行

編　者　一般財団法人 全日本情報学習振興協会

発行者　牧野 常夫

発行所　一般財団法人 全日本情報学習振興協会
　　　　〒101-0061　東京都千代田区神田三崎町 3-7-12
　　　　　　　　　　　清話会ビル 5F
　　　　　　　　　TEL：03-5276-6665

販売元　株式会社 マイナビ出版
　　　　〒101-0003　東京都千代田区一ツ橋 2-6-3
　　　　　　　　　　　一ツ橋ビル 2F
　　　　　　TEL：0480-38-6872（注文専用ダイヤル）
　　　　　　　　03-3556-2731（販売部）
　　　　　　URL：http://book.mynavi.jp

印刷・製本　大日本法令印刷株式会社